中国电力司法鉴定概述与案例评析

吕振勇◎编

中国电力出版社
CHINA ELECTRIC POWER PRESS

图书在版编目（CIP）数据

中国电力司法鉴定概述与案例评析 / 吕振勇编.
北京 ：中国电力出版社, 2024. 12. -- ISBN 978-7
-5198-9411-5

Ⅰ . D922.292

中国国家版本馆 CIP 数据核字第 20249FN237 号

出版发行：中国电力出版社
地　　址：北京市东城区北京站西街 19 号（邮政编码 100005）
网　　址：http://www.cepp.sgcc.com.cn
责任编辑：赵　鹏（115550641@qq.com）
责任校对：黄　蓓　常燕昆
装帧设计：张俊霞
责任印制：钱兴根

印　　刷：廊坊市文峰档案印务有限公司
版　　次：2024 年 12 月第一版
印　　次：2024 年 12 月北京第一次印刷
开　　本：710 毫米×1000 毫米　16 开本
印　　张：14
字　　数：218 千字
印　　数：0001—1000 册
定　　价：60.00 元

随着中国特色社会主义法治建设的深入发展,"依法治国""建设法治社会"的全面发展,社会各界和广大公民依法办事的意识不断增强,依法解决纠纷的自觉性越来越高。为了更好地解决纠纷,公平公正处理纠纷案件,国家十分重视"证据"的真实性、可靠性、科学性、全面性法律制度体制建设。对于技术性较强的特殊法律纠纷,如何利用司法鉴定以科学技术手段查找纠纷事件原因,确定"因果关系",判定法律责任显得格外重要。尤其是涉电案件涉及面广、案情复杂、专业技术性强,公安机关、司法机关、仲裁机构、律师及涉电纠纷当事人均需要专业的、科学的电力司法鉴定。

那么,什么是"电力司法鉴定",电力司法鉴定的作用、特点、鉴定程序、条件、原则、法律依据等诸多问题许多人不够了解。本人受王君安等同志之邀,撰写了《中国电力司法鉴定概述与案例评析》一书,以供借鉴。

本书分为两个部分。第一部分重点论述了司法鉴定制度的发展;中国电力司法鉴定的受理范围;鉴定工作程序;电力司法鉴定机构和工作人员的权利义务责任;电力司法鉴定实践的特点与启示;电力司法鉴定的法律依据等。第二部分主要从八个方面评析电力司法鉴定案例,即:电力生产事故及电力可靠性状况;电力计量及窃电性质的认定;电力设施的损害与破坏情形;电能和热能质量情况;电力环境污染与电磁环境影响;电力损伤原因及估损;电力设备及材料质量;光伏发电项目工程质量。

本书可为公安机关、司法机关工作人员处理涉电案件时利用科学技术手段判断案件因果关系和法律责任开拓思路;可供法律高等院校、社会法律工作者证据学研究参考;可供律师、电力企业领导人员、管理人员、法律顾问等人解决涉电诉讼案件收集证据时参考;可为立法机关工作人员确定"证据"法律制度时参考。

本书在编写过程中，陕西中和司法鉴定中心王君安，国网江苏省电力公司原总法律顾问周建海，陕西省司法厅原副厅长、巡视员田萍，陕西省高级人民法院原审判委员会专职委员、巡视员樊云，陕西省法制办原副巡视员孟大梧，以及原陕西电力司法鉴定中心的工作人员给予倾力支持与帮助，不但为本书编写提出了良好建议，还提供了大量资料和案例，其中王君安、樊云、周建海三人参加了书稿审定，在此一并表示感谢。

　　由于本书内容较新，限于本人水平，书中表述如有不妥之处，敬请读者指正。

吕振勇

2024 年 9 月

目 录
CONTENTS

第二编 电力司法鉴定案例评析

第一编

电力司法鉴定概述

第一章

中国司法鉴定制度的历史发展过程

司法鉴定，是指在诉讼活动中，由司法机关或当事人委托法定单位，具备法定资格的人员运用科学技术或者专门知识对诉讼涉及的专门性问题进行认定或判断。司法鉴定是在社会历史进化、演变背景下产生与发展起来的。从古至今大致经历了古代、近代、现代千年巨变。

一、古代司法鉴定的产生与特点

所谓古代，是指原始社会、奴隶社会、封建社会时期。古代的司法鉴定从产生到发展大致经历了神明裁判、认证裁判、物证裁判三个阶段。

古代的司法鉴定是在"神证"背景下产生的，所谓"神证"是因为"神明裁判"是古代原始的证据制度，那么，对争议事件的鉴定也是由"神意"控制。

在原始社会和奴隶社会时期，人类对社会、自然缺失认识，把一些"现象"作为"神灵"旨意，用以判断人们争议事项和案件的是与非。例如："水审法""火审法""热油审""尸体裁判法"等手段。那时候"法庭"不是为查明案件而专门设立的机构，而是为获取"神灵指示"而设置的场所。"神"是司法鉴定的主控者，案件的裁判者只是对神灵显现的"答案"予以宣示。当时的社会统治者，既是神的崇拜者，又是利用人们的迷信来断狱决讼，以达到维护和巩固自己的统治地位。这是因为：在人类认识水平和生产力水平低下的原始社会、奴隶社会，"天道"是人间秩序的基础，因此而产生的司法证明方法的产生与演变都是以"神证"为主的司法证明。在诉讼活动中，遇到疑难问题时，司法人员请求神明帮助或予以启示，并通过一定形式，把神明的"旨意"表现出来，以此认定案件事实并作出裁决。一些学者将这种原始的鉴定方法称为"神誓法"或"神明裁判法"。但社会以官位、宗法等级为特征的决狱方式不适应新兴的奴隶主之间的争议案件，受科学技术的限制，古代司法鉴定的发展是极其缓慢的。人们始终用"神明"掩盖人类自身的无知，司法鉴定也就是在"神明"的掩盖下，充满着对"神明"的敬畏与崇拜下进行的。

如果说司法证明方法的第一次产生与演变是以"神证"为主的司法证明，那么到了封建社会司法鉴定活动发生了根本变化，也就是学者们所谓的"司法证明引发的二次演变"，即"人证"的方法逐渐取代了"神证"，司法鉴定的"神用"权威被削弱，无论是封建社会的统治者还是社会民众都清晰地认识到：必须将司法审判和司法鉴定的控制从"神"的手中夺回到人的手中，靠人自己查明争议事实和案件真相。封建社会早期的证据主要是"人证"，口供是最主要的证据，所以，当时执法者主要的任务是查找证人、获取口供。这种断案方式，学者称其为"人证时代"，这个时代是人类对神的否定，确定了统治者至高无上的权威，但也显露出人的任意性，导致刑罚被滥用。与此同时，执法者也开始探讨其他作为帮助审判的证据，例如："物证"引起了裁判者的关注。随着，科学技术的兴起发展，不但对物证的价值提供了依据，而且，在证据制度方面发生了实质性改变的作用，人类证据制度发展到"物证时代"。可以说，从"神证"到"人证"，再从"人证"到"物证"的演变，是古代司法鉴定的产生发展的过程，这个过程，经历了漫长的年代。

中国古代司法鉴定具有以下特点：

（1）中国古代司法鉴定活动是以"神权""神明"为主要方式，一切听从事先人们设想的"现象发生"为示意，用以证明诉争裁决和案件的处理依据。

（2）从"神权"发展到"人权"之后，人道取代了天道，神的信服力下降，人的力量上升。司法鉴定活动又把"人权"推向了"官位""官权"，故司法鉴定具有了权力的属性，可以说这种"职权"思想影响非常深远，现代社会也没有从根本上肃清。

（3）以"官权"为核心价值观的司法鉴定形成文化基础，"官员"是司法鉴定的主体，轻视"技艺"的客观性和科学性。

（4）司法鉴定重刑事而轻民事，所以中国涉及刑事案件的司法鉴定较为发达，而涉及民事的司法鉴定活动较为落后。

二、近代司法鉴定的发展与特点

随着社会的发展，科学技术的长足进步推动了司法证据制度和司法鉴定活动的发展，人类社会开始将"物证"的鉴定作为讼争断决的重要依据，被学者称为"物证"时代。18 世纪开始，西方许多国家把各种物证作为司法活动的常态方式。同时，与"物证"有关的科学技术也初步形成体系，尤其是以"法医"等和人体识别技术为代表的科学证明方法在西方兴起，并推动了西方刑事司法鉴定的发展。19 世纪鸦片战争以后，古老的中国开始从封闭锁国的封建社会走向近代，西方的思想和科学技术传入中国，中国的司法证据制度也发生了重大变化，近代的司法鉴定制度也开始萌芽，尤其是"法医学"得以引入。从 1935 年开始，中国形成了以司法机关主导垄断的司法鉴定模式。

中国近代司法鉴定活动的特点是：

鸦片战争开启了中国封建社会的近代化、近代科技和公民权利对思想上的司法理念，我国"官权、官位"色彩的司法制度受到了冲击，体现"民权"的思想开始萌生，这时对司法证据与司法鉴定的突出特点是由经验鉴定向崇尚科学转变。

先进科学技术迅速发展，推动了"物证"真实性发展。

（1）在近代化的中国也开始把司法鉴定由学习前人的鉴定经验，向科技学科理论转变，如法医学、指纹学、解剖学等。

（2）开始由肉眼观察、触碰等传统鉴定方法向依靠先进科学技术、仪器、设备转变。

（3）开始由依靠官员下属人员鉴定向依靠具有专业知识的高知识人才转变。

（4）司法鉴定的理论，鉴定手段、鉴定实施主体的转变均呈现出依靠科学技术和方法，运用科学仪器、设备对诉讼活动中专门性问题作出客观的认定和判断。

近代的司法鉴定把依靠经验推向崇尚科学的转变，反映了人们对科学认识司法鉴定、运用科学解决法律纠纷的认知。

三、现代司法鉴定的作用与特点

伴随着中国科学技术的飞速发展、大工业、大农业、大市场的形成，各种法律纠纷远远超过了古代、近代。其市场性、科技性、证据的客观性、真实性、公平公正性、法律性的要求远远超过了一般司法审判的要求，自然科学对现代技术不断冲击下的司法鉴定技术也发生了翻天覆地的嬗变。这种突飞猛进的变化，首先体现在现代法医鉴定中的影响；物证技术在痕迹鉴定中的吸收；科学仪器设备在文书字体鉴定中的运用；现代光学在影像鉴定技术中的引入；等等。其次，这些现代的科学鉴定技术多数用来作为刑事案件审理中的证据鉴定。所以，到目前，现代司法鉴定的作用是多用于刑事案件的侦破、审判中，其特点是：

（1）促进了司法鉴定制度的立法规范化。

（2）促进了司法鉴定机构管理制度专门化运用。

（3）科学化、职业化对司法鉴定团体开始具有独立性和中立性，不仅仅是官员、司法机关用以证明被告犯罪的手段，也是律师、公代为被告辩护、洗刷冤屈的利刃。崇尚科学理念，树立和只具备科学理念的职业化团体，大大提升了鉴定意见的客观性、准确性，为公民伸张正义，维护法律纠纷当事人的合法权益提供了技术支撑。

（4）司法鉴定机构，由"法定职权"向"服务社会和民众"转变。司法鉴定由原来主要用于刑事诉讼服务，不断扩大到为民事诉讼、行政诉讼、仲裁调解等诸多领域服务。

总之，形成具有中国特色的司法鉴定体系，也是司法改革的重要组成部分，在现代科技发展过程中，提升了中国司法鉴定能力，在司法改革中，司法鉴定实践，具有广阔的发展空间。

第二章

中国电力司法鉴定的兴起

一、电力事业高速发展伴随了电力司法鉴定的兴起

中国电力事业以人们不可想象的速度发展，新中国成立之后没经过国民经济恢复时期，电力工业到 1953 年全国装机总容量只有 70 多万 kW 设备出力。1949 年全国发电量只有 49 亿 kWh，到 1952 年时只有 78.3 亿 kWh。这段时间新中国电力发电量增长了 60%。"一五"期间，到 1957 年，全国发电量仅有 159 亿 kWh，完成装机总容量 246.9 万 kW。"二五"期间发电量达 246 亿 kWh，平均增长 18.7%。全国装机总容量到 1962 年时达 1300 万 kW，增长了 23%。电力工业技术装备现代化程度有了很大提高。"三五"期间，5 年平均增长率是 11.4%。"四五"期间，年平均增长率为 12.8%，建成了中国第一座自主设计、自主施工、自主制造的 120 万 kW 刘家峡水电站，20 万—30 万 kW 火力发电机组投入运行。"五五"计划期间，5 年发电量增长 8.9%，装机总容量增长率为 8.3%。2023 年，中国发电装机总容量约 29.2 亿 kW，2023 年发电量已达 9.46 万亿 kWh，居世界第一位。

核电、水电、风电、太阳能等新能源发展迅速，形成了大机组、大电网、大市场运行模式。特高压输电及电网管理水平均居世界首位。

在供电关系上改变了短缺供应，解决了电力供应与国民经济发展和人民生活用电不相适应的问题，与此同时，电力立法不断得到加强。电力企业经过不断深化改革，电力法律关系发生了根本性变化，涉电主体多元化、利益主体多元化，在电力供应、使用、管理过程中发生了许多需要法律调整、解决的事项。尤其《电力法》《电力调度条例》《电力设施保护条例》《电力供应与使用条例》

《电力监管条例》等贯彻实行其所有涉电的法律法规、规章制度、规程规范、标准。对一些行为的规定均关系到电力供应与使用。管理与被管理责任，由于中国电力发展已居世界第一位，国际电力业务也发展较快，这就必然伴生出涉电矛盾、纠纷的发生与解决问题。由于电力发展的特点是：资金密集、科技密集，一旦发生纠纷，诉讼关系当事人涉及利益也十分巨大。尤其涉及电力技术问题，司法机关很难裁定是非。电的特点是看不见、摸不着（是无人敢随意触摸）的一种属性，其必须依赖科技和专门设备予以测试。司法机关、仲裁机构、电力企业、大用电户、律师等诸多主体均希望能有懂科技、懂电力、懂法律的专门机构为解决电力法律纠纷，区分窃电、破坏电力设施、危害公共安全、重大责任事故等涉电罪与非罪的界限；查清涉电事故的原因、区分责任、产生的后果，评估损失等，提供科学依据。这就必然催生电力司法鉴定的发生。中国电力高速发展过程中发生的各种纠纷求得解决必然伴随了电力司法鉴定的兴起。

二、电力科技高速发展，促进电力司法鉴定的发展

电力科技是解决一切电力技术问题的钥匙，中国电力的大发展，必然首先具有高端的电力科学技术的发展，无论是电力设备、设施的生产、使用、安装、调试、测试、检修等，实现科学现代化不再是空谈。无论是电力科技、发电、变电、输电、配电、管理均堪称世界一流。国家为此制定科技标准并不断健全，有的已成为国际标准。所以，电力科技的高速发展，已经使我国有能力对电力生产事故及电力可靠性问题、电能计量问题、仪器仪表问题、电力设施遭受破坏状况问题、电能及热能质量问题、电力环境污染及电磁环境影响问题、电力损伤原因问题，电力设备及材料质量问题及电力生产、输送、配送、用电设备质量问题、电力工程及电力水库大坝安全问题、新能源设备接入电网系统的可靠性问题等事项已具备了科学技术鉴定能力。

我国的电力科学技术能力已跻身世界一流，能够解决外国鉴定机构不能解决的问题，这种能力不但能促进电力发展，而且也促进了电力司法鉴定的发展。电力科学水平、技术能力及专门的科技人才是做好电力司法鉴定活动的基本保

障。所以说，现代科学技术的发展，对我国电力司法鉴定的发展有着巨大的推动作用。

随着中国电力科学技术的发展以及市场化改革和民主政治的加强，司法鉴定不仅仅适用于常规的刑事诉讼，也开始适用于特殊侵权的刑事诉讼、民事诉讼、经济诉讼、行政诉讼。因此，司法鉴定机构也不仅仅单一地设立于司法机关、政法院校、医疗卫生部门，它必然按照科技门类单独分设，电力科学技术的发展必然使电力司法鉴定技术有质的飞跃。在这种情况下，电力司法鉴定机构应运而生，是司法裁决需要的必然结果。司法鉴定向服务社会或民众的方向转变。

三、电力法律制度的普及、电力法律纠纷的增多，增加了电力司法鉴定的需求

电，不但关系到国民经济的发展，也关系到人民生活的提高。电同各行各业、千家万户有着密不可分的关系。

电，是国家建设的先行官，电力工业不仅对生产活动，而且对人民生活的一切方面有着极其重要的影响。电力本身具有商品的特殊性，地位重要，涉及面广，所发生的经济关系、社会关系复杂，需要用法律手段加以调整和保护，用法律形式明确规定相互之间的权利义务关系和法律地位，调整电力建设、生产、输送、供应、使用和管理中发生的各种经济关系和社会关系。所以，国家按照中国的国情制定和颁发了《电力法》及相关配套的行政法规，这些法律法规不是短时性的行业政策，它是经过一定的程序制定，采用法律手段解决电力生产发展、供应与使用过程中发生的各种矛盾。它也不是"以言代法"，不能随意改变，它是把党和国家制定的行之有效的有关电力工业发展的方针、政策，通过立法，使其条文化、规范化、法律化，用法律形式肯定电力在社会活动中的法律地位、人们的行为准则，明确告诉人们怎样做是合法的，怎样做是违法的，哪些行为应当支持和保护，哪些行为要受到限制或禁止，对违反电力法律法规，造成危害后果的行为和人追究法律责任，以保证正常的供电秩序。

电力法律、法规的实施具有广泛的社会性，宣传普及电力法律、法规是正确的，是有效实施电力法律的保障。经过多年的电力法律宣传、普及，广大电力职工、社会各界人士增强了法律意识，增强了法律的自觉性，同时也增强了依法维权、保护自身合法权益的意识。近些年来，涉及法律纠纷的诉讼、仲裁案件不断增多，为了依法维权，当事人各方及案件审理机关都十分迫切地需要电力司法鉴定，从科学技术角度，客观、真实、可靠地提供司法依据，公开、公平、公正地解决诉争。

第三章

中国电力司法鉴定机构简介

一、陕西电力司法鉴定中心

陕西电力司法鉴定中心于 2013 年 7 月 18 日经陕西省司法厅批准成立，是专业从事电力类司法鉴定的、具有独立法人资格的专业司法鉴定机构，受理涉及电力的各类司法鉴定委托。

陕西电力司法鉴定中心是全国最具专业性、权威性的司法鉴定机构之一，是陕西省唯一的电力类专业司法鉴定机构。

陕西电力司法鉴定中心鉴定人才力量雄厚，专业分工明确，专家经验丰富。

陕西电力司法鉴定中心建立了规范的管理制度，严格执行国家法律、法规、规章以及国家和行业技术标准和操作规范，遵循既定的鉴定业务流程，为全社会提供优质的司法鉴定服务。陕西电力司法鉴定中心受理委托不受地域限制。

二、陕西中和司法鉴定中心

陕西中和司法鉴定中心于 2019 年 7 月 15 日经陕西省司法厅批准成立。陕西中和司法鉴定中心执业范围为：物证类司法鉴定（电力事故、电力设备及材料质量、电能计量及仪器仪表质量、电力工程质量）；环境损害司法鉴定（电磁辐射、振动及噪声、热光损害）；法医临床、法医病理（电击伤）。

电力分项包括：电力生产事故及电力可靠性司法鉴定；电力计量及窃电性质认定司法鉴定；电力设施保护司法鉴定；电能及热能质量司法鉴定；电力环境污染及电磁辐射、光电损害司法鉴定；电力损伤原因及估损司法鉴定；电力设备及材料司法鉴定；电力工程质量司法鉴定；新能源司法鉴定（风能、太阳能、垃圾发电等）九大类电力鉴定业务。

陕西中和司法鉴定中心鉴定力量雄厚，执业经验丰富。目前有充足的电力领域各方面技术专家并具备司法鉴定资格的司法鉴定专家。近年来办理的各类涉电司法鉴定案件，包括火电、水电、光伏、风能、燃气、生物质发电、窃电等，所出具的司法鉴定意见书，均具有专业性、权威性并获得较高的认可度。

三、四川电力科学研究院电力司法鉴定中心

2012 年 12 月 28 日，国家电网四川电力科学研究院电力司法鉴定中心在蓉授牌成立。

四川电力科学院是全国有名的电力技术专业机构，一直以来其所提供的电力技术专业意见具有权威性和较高认可度。经电力司法鉴定行政许可，该中心出具的鉴定意见或结论具有法定性。

该司法鉴定中心是截至目前，四川省唯一一家电力类司法鉴定中心，同时也是目前国内授权鉴定范围最广、技术和设备实力最强的电力司法鉴定中心之一。中心成立后将开展电力设施保护、电力工程、电力可靠性、电力生产事故、电能质量、交易电量及其计量、电磁环境影响以及电力人身伤害原因等八个方面的司法鉴定。

四、黑龙江省电力科学研究院司法鉴定所

隶属于国网黑龙江省电力有限公司电力科学研究院（以下简称"黑龙江省电科院"），拥有国家电网公司唯一的"电子数据恢复与销毁实验室"，实验室于 2010 年建设完毕，2011 年通过了黑龙江省公安厅、黑龙江省委办公厅保密局、中国电力科学研究院、哈尔滨工业大学和哈尔滨工程大学等单位组成的专家组验收。

2011 年 9 月由中国电力科学研究院授权成立中国电力科学研究院信息安全实验室数据恢复与销毁分中心，2011 年 10 月由国网黑龙江省电力有限公司

授权成立为国网黑龙江省电力有限公司数据恢复与销毁中心，2012 年 5 月经黑龙江省司法厅批准成立为全省首家面向社会提供电子数据鉴定服务的司法鉴定机构，鉴定所作为中央企业第一家从事电子数据鉴定业务的司法鉴定机构及黑龙江省内第一家申报国家级资质认定的司法鉴定机构，2014 年，获得中国合格评定国家认可委员会颁发的 ISO/IEC17025 实验室认可证书（CNAS 证书）、中国国家认证认可监督管理委员会颁发的国家级司法鉴定机构资质认定证书（CMA 证书），具有出具国际互认司法鉴定报告的资格。

鉴定所拥有 20 平方米百级开盘专用洁净室以及数据获取、恢复、校验和销毁相关设备 100 多台套。面向社会开展硬盘检验、服务器检验、U 盘及存储卡检测鉴定、存储介质物理故障排除、数据库数据恢复、电子物证鉴定文证复审等多项业务。

鉴定所拥有执业司法鉴定人、电子数据鉴定取证调查分析师、注册信息安全专业员（CISP）等高素质人员队伍，拥有包括电子数据取证专用机、高速硬盘复制机、电子证据只读设备、动态虚拟仿真取证系统等国内最先进最专业的电子数据鉴定设备。

五、上海电力医院司法鉴定所

全国电力系统首家医院——上海电力医院在电损伤专业方面具有 20 多年的诊断治疗经验，历史悠久，是全国电烧伤治疗中心、上海市电烧伤特色专科医院、中国水电医科会电损伤专业委员会单位。

上海电力医院司法鉴定所由上海市司法局批准成立，鉴定业务范围为法医临床鉴定（电损伤），医院烧伤科 2 名正高级及 3 名副高级职称专家获司法鉴定人执业许可。

六、中国电力企业联合会司法鉴定中心

中国电力企业联合会于 1988 年由国务院批准成立，是全国电力行业企事业单位的联合组织、非营利的社会团体法人。

1998 年以后，中国电力企业联合会转为在民政部登记注册的社会团体法

人，是以全国电力企事业单位和电力行业性组织为主体，包括电力相关行业具有代表性的企业、行业组织自愿参加的、自律性的全国性行业协会组织。

30多年来，中国电力企业联合会以服务为宗旨，面向企业、行业、政府和社会，在为会员服务、代表会员利益、反映会员诉求、依法维护会员权益，根据行业约规实施行业自律管理等方面做了大量工作，发挥了桥梁纽带作用，成为在国内外具有较大影响的行业组织。其中电力司法鉴定也是为社会服务的重要事项。

七、邯郸电力工程司法鉴定中心

邯郸电力工程司法鉴定中心经河北省司法厅批准成立，由司法部备案，是全国范围执业的综合性司法鉴定机构，专业从事电力类、机电设备和建筑工程的相关司法鉴定业务。

第四章

电力司法鉴定概述

一、电力司法鉴定的含义

根据《全国人民代表大会常务委员会关于司法鉴定管理问题的决定》规定精神，电力司法鉴定的含义主要包括五层意思：

第一，电力司法鉴定是在诉讼中进行的，是一项涉及诉讼的活动。在现实生活中，需要运用科学技术或者专门知识进行鉴别和判断的问题很多，但这类活动不一定都属于司法鉴定。只有在诉讼过程中对案件的某些专门性问题进行鉴别和判断的活动，才属于司法鉴定。我国的诉讼活动，包括刑事诉讼、民事诉讼、行政诉讼三种。

第二，电力司法鉴定的主体是鉴定人。鉴定人不属于司法工作人员，而是一种特殊的证人。有的国家法律将鉴定人称为"专家证人"。作为一种特殊的证人，鉴定人必须具有解决相关诉讼涉及的专门性问题所必需的科学技术或者专门知识。

第三，电力司法鉴定的目的是解决涉电法律纠纷和诉讼涉及的专门性问题。诉讼涉及的专门性问题是指在刑事、民事、行政诉讼中，属于案件证明对象范围内的事项。特别是涉及高端科技性的问题，仅凭侦查人员、检察人员或者审判人员的直观、直觉或者逻辑推理还是无法作出肯定或者否定的判断，必须依法运用科学技术手段或者专门知识进行鉴别和判断才能得出正确的结论。

第四，电力司法鉴定的方法是运用科学技术或者专门知识进行鉴别和判断。司法鉴定是诉讼活动中一项重要的调查取证活动，由于在诉讼活动中有些问题不是能够凭着直观、直觉或者逻辑推理直接认识和判断的，必须借助于科学技术或者专门知识进行鉴别和判断。

第五，电力鉴定人应当提供鉴定意见。鉴定人在完成鉴定工作后，应当依照法律的规定要求，向委托人提供本人签名的书面鉴定意见。这里的"鉴定意见"，即诉讼法规定的鉴定结论，是指鉴定人在运用科学技术或者专门知识对诉讼中涉及的专门性问题进行鉴别和判断的基础上，给出的结论性意见。鉴定意见作为鉴定人个人的认识和判断，表达的只是鉴定人个人的意见，对整个案件来说，鉴定意见只是诸多证据中的一种证据，审判人员应当结合案件的全部证据，加以综合审查判断，从而正确认定案件事实，作出正确判决。

二、司法鉴定的特征

司法鉴定既有科学性的特点，又有法律性的要求，体现了法律性与科学性的统一。在科学性方面，具体的司法鉴定活动是由掌握专门科学知识和技能的鉴定人运用科学知识、方法、手段，借助科学技术设备进行科学鉴别判断活动；鉴定的结果是从科学角度推理、概括的结论而非法律性的评价。在法律性方面，鉴定主体必须具有法定的资格；鉴定人的鉴定活动不能违背法律程序；鉴定的结果必须依照法律规定的方式提出并终将被运用到诉讼或者仲裁中。由此可见，司法鉴定是以科学性为基础、以法律性为保障的活动。

从证据的角度看，司法鉴定结论作为确定事实的法定证据的一个种类，对诉讼、仲裁活动起着重要的甚至决定性的作用。同一个事实，不同的人会有不同的认识，既受检测手段、检测仪器的限制，也受司法鉴定人的专业知识和实践经验的左右，所以在有罪无罪之间、生与死之间、原因与责任之间等因果关系之间，司法鉴定结论是重要的判断依据，是证据之王。

三、电力司法鉴定的目的、任务与作用

电力司法鉴定是用现代科学技术手段解决涉电法律纠纷和诉讼涉及的专门性问题，所以，电力司法鉴定的目的是解决司法机关或诉讼当事人在诉讼裁判过程中遇到的仅仅凭人的直观、手摸、感官、嗅觉不能解决的专门性问题，而由电力司法鉴定人员运用科学的、技术的，或采用专门设备测试对诉讼中发生的专门问题予以认定、判断、评论，为司法机关公正裁决提供依据。

电力司法鉴定的任务是，首先，接受司法机关、仲裁机构或涉案当事人的委托，对于符合受理条件的，能够即时决定受理的，鉴定机构应与委托人签订《司法鉴定委托受理合同》，明确委托事项和双方各自的权利与义务。电力司法鉴定机构应当依法确定专门人员采用先进的科学技术，按照标准，为委托人提供的鉴定标的进行科学鉴定，并将鉴定结果、结论采用书面形式即鉴定文书出具给委托人。电力司法鉴定的第二项任务是诉讼活动中根据需要，由司法鉴定人出庭作证并接受质证，保证电力司法鉴定的真实、可靠、科学、客观、实事求是。

电力司法鉴定的作用，在司法实践中越来越显得重要。由于电是一种看不见、摸不着（无人敢触及）的特殊"物"，其特性似乎很"神秘"，长期以来，发生事故，发生人身伤害，财产损失等重大事件，无论当事人还是司法机关很难拿出全面的证据判断，因此，在区分责任时，往往是根据"现象"，再凭人的主观推断，司法鉴定人的主观认定来进行裁定。但是，"电"又是一种高科技产品，它的生产、输送、供应销售、使用、管理均含有高性能的科技含量，发生纠纷、判断是非、责任真伪也必须采用高科技手段。电力司法鉴定的作用，就在于鉴定人能够采用高科技手段解决涉电问题、认定责任、确定因果，以严谨的科学数据为司法机关、仲裁机构、纠纷当事人提供鉴定结论，为解决纠纷，为司法机关和仲裁机构裁决提供科学的证据，公平、公正地解决诉争。

四、电力司法鉴定遵守的基本原则

电力司法鉴定是一项科学性和法律作用很强的行为，所以，电力司法鉴定必须坚持：尊重科学的原则；坚持合法的原则；遵守独立的原则；严守公正的原则。

所谓尊重科学的原则，先进科技对我国电力司法鉴定的兴起、发展有着巨大的推动作用，所以，电力司法鉴定必须坚持的原则是尊重科学，即指在电力司法鉴定过程中，鉴定人必须采用科学的手段，利用科学的设备，检测科学的数据，实事求是地出具《电力司法鉴定意见书》，排除权力干扰，反对人情鉴定、金钱鉴定、关系鉴定等虚假鉴定的不良现象。

所谓坚持合法的原则，是指电力司法鉴定行为必须合法，任何鉴定人必须严格遵守国家法律体制，鉴定主体合法，鉴定关系确立合法，鉴定材料及来源合法，鉴定程序合法，鉴定方法与标准合法，出具鉴定意见书形式合法。防止"重复鉴定""多头鉴定"现象。

所谓遵守独立的原则，是指电力司法鉴定人不受任何人左右，人格完全独立；电力司法鉴定行为不接受任何人"授意"，完全独立自主地以科学手段进行；电力司法鉴定结论，不以任何人的主观意思为依据，而是由鉴定人独立自主地根据科学数据结论，完全独立承担法律责任的原则。

所谓严守公正的原则，是指电力司法鉴定人必须公平公正，主观上不偏袒任何人，实事求是地出具真实客观的鉴定意见，以利于社会生活中扬善惩恶，妥善解决人们生活中发生的民事纠纷、经济纠纷、行政纠纷、刑事纠纷。

电力司法鉴定，就是为了在解决纠纷中，如何发现证据，如何确立证据，如何确保证据的科学性、客观性的要求而产生的。所以，电力司法鉴定必须公正才能为司法公正提供可靠依据。

第五章

电力司法鉴定受案原则与受案范围

一、电力司法鉴定受案原则

司法鉴定受案的原则是合法性原则。合法性原则是指司法鉴定活动必须严格遵守国家法律、法规的规定。它是评析判断鉴定过程与结果是否合法和鉴定结论是否具备证据效力的前提。这一原则在鉴定过程中主要体现为：鉴定主体资格合法；鉴定材料合法；鉴定程序合法；鉴定步骤、方法、标准合法；鉴定结果合法。

（1）鉴定主体资格合法：司法鉴定机构必须是依法成立的专门机构。司法鉴定人必须是具备规定的条件，获得司法鉴定人职业资格和执业许可证的自然人。

（2）鉴定材料合法：主要是指鉴定对象及其作为被比较的样本（样品）必须是法律规定的案件中的专指物品，鉴定材料的来源（含提取、保存、运送、监督等）必须符合相关法律提出的要求。

（3）鉴定程序合法：是指司法鉴定的提请、决定与委托、受理、实施、补充鉴定、重新鉴定、专家共同鉴定的各个环节上必须符合诉讼法和其他相关法律法规和部门规章的规定。

（4）鉴定的步骤、方法、标准合法：应当是经过法律确认的、有效的，鉴定存档要符合国家法定标准或部门（行业）标准。

（5）鉴定结果合法：主要表现为司法鉴定文书的合法性。鉴定文书必须具备法律规定的文书格式和必备的各项内容，鉴定结论必须符合证据要求和法律规范。

二、电力司法鉴定的受案范围

主要有以下各项：

（1）电力工程司法鉴定：包括电力工程质量鉴定和电力工程造价鉴定。

（2）电力可靠性司法鉴定：指通过审查和分析电力可靠性基础数据和指标，对电力生产中有关充裕度和安全度等问题进行判断并提出鉴定意见。具体包括发电、输电、供电系统可靠性司法鉴定；发电、输电、供电系统设备质量鉴定。

（3）电力生产事故司法鉴定：具体包括对发电、输电、供电以及新能源重大事故的原因进行鉴定。

（4）电能质量司法鉴定：具体包括公用电网电能质量鉴定；用电设备对电能质量影响性质和强度司法鉴定；发、供电系统中电能质量、热能质量的鉴定。

（5）交易电量及其计量司法鉴定：具体包括电能交易结算司法鉴定；电能量司法鉴定以及其他供用电司法鉴定。

（6）电力设施保护司法鉴定：具体包括电力设施损害原因、后果及损失鉴定；电力设施保护区范围鉴定；保护区内电力设施状况鉴定；电力设施保护区内环境和作业危险性鉴定。

（7）电磁环境影响司法鉴定：具体包括交、直流输电线路电磁环境参数鉴定；变电站电磁环境参数鉴定；电力系统二次设备抗干扰性能鉴定。

（8）电击原因司法鉴定：具体包括人体或牲畜体与电力设备的距离鉴定；电力设备的安全防护装置及措施鉴定；其他与电击相关的原因鉴定。

（9）其他受委托的电力方面的鉴定案件。

第六章

电力司法鉴定的工作程序

根据司法部修订后的《司法鉴定程序通则》规定，司法鉴定程序是指司法鉴定机构和司法鉴定人进行司法鉴定活动应当遵循的方式、方法、步骤以及相应的规则和标准。

一、实施司法鉴定应当遵守的规则和制度

（1）司法鉴定机构和司法鉴定人进行司法鉴定活动，应当遵守法律、法规、规章，遵守职业道德和执业纪律，尊重科学，遵守技术操作规范。

（2）司法鉴定实行鉴定人负责制度。司法鉴定人应当依法、独立、客观、公正地进行鉴定，并对自己作出的鉴定意见负责。

（3）司法鉴定机构和司法鉴定人应当保守在执业活动中知悉的国家秘密、商业秘密，不得泄露个人隐私。未经委托人的同意，不得向其他人或者组织提供与鉴定事项有关的信息，但法律、法规另有规定的除外。

（4）司法鉴定人在执业活动中应当依照有关诉讼法律和《司法鉴定程序通则》规定实行回避。

（5）司法鉴定人经人民法院依法通知，应当出庭作证，回答与鉴定事项有关的问题。

（6）司法鉴定机构应当统一收取司法鉴定费用，收取的项目和标准执行国家的有关规定。

（7）对于有违反有关法律规定行为的，由司法行政机关依法给予相应的行政处罚；有违反司法鉴定行业规范行为的，由司法鉴定行业组织给予相应的行业处分。

二、司法鉴定的工作程序

实施司法鉴定的一般程序有：委托、受理、实施（初次鉴定、补充鉴定、重新鉴定），出具司法鉴定文书，出庭质证。

（一）委托

司法鉴定机构和司法鉴定人接受司法机关的委托，从事委托请求事项的司法鉴定；非诉讼案件鉴定的受托从其行业规定。

（1）《司法鉴定程序通则》第十二条规定"司法鉴定机构接受鉴定委托，应当要求委托人出具鉴定委托书，提供委托人的身份证明，并提供委托鉴定事项所需的鉴定材料。委托人委托他人代理的，应当要求出具委托书"。

这条规则说明三层意思：

1）鉴定材料包括检材和鉴定资料，检材是指与鉴定事项有关的生物检材和非生物检材；鉴定资料是指存在于各种载体上与鉴定事项有关的记录。

2）鉴定委托书应当载明委托人的名称或者姓名、拟委托的司法鉴定机构的名称、委托鉴定的事项、鉴定事项的用途以及鉴定要求等内容。

3）委托鉴定事项属于重新鉴定的，应当在委托书中注明。

（2）司法鉴定机构接受司法机关、仲裁机构的司法鉴定委托。但在诉讼案件中，在当事人负有举证责任的情况下，司法鉴定机构也可以接受当事人的司法鉴定委托。当事人委托司法鉴定时一般通过律师事务所进行。

（3）司法鉴定机构可受人民法院的委托，对拟作为证据使用的鉴定文书、检验报告、勘验检查记录、医疗病情资料、会计资料等材料进行文证审查。

（4）委托人应当向司法鉴定机构提供真实、完整、充分的鉴定材料，并对鉴定材料的真实性、合法性负责。

（二）受理

（1）对于符合受理条件的，能够即时决定受理的，司法鉴定机构应当及时与委托人签订《司法鉴定委托受理合同》。

（2）对于委托人提供的鉴定材料不完整、不充分的，委托人将鉴定材料补充齐全的，可以受理；并向委托人出具《司法鉴定委托材料收领单》，与委托人签订《司法鉴定委托受理合同》。

（3）司法鉴定机构对符合受理条件的鉴定委托，应当即时作出是否受理的决定；不能即时决定受理的，应当在七个工作日内作出是否受理的决定，并通知委托人。

（4）对通过信函提出鉴定委托的，应当在十个工作日内作出是否受理的决定，并书面通知委托人。

（5）对疑难、复杂或者特殊鉴定事项的委托，可以与委托人协商确定受理的时间。

（6）司法鉴定机构对具有下列情形之一的鉴定委托，不得受理：

1）委托事项超出本机构司法鉴定业务范围的；

2）鉴定材料不真实、不完整、不充分或者取得方式不合法的；

3）鉴定事项的用途不合法或者违背社会公德的；

4）鉴定要求不符合司法鉴定执业规则或者相关鉴定技术规范的；

5）鉴定要求超出本机构技术条件和鉴定能力的；

6）不符合《司法鉴定程序通则》第二十九条规定的；

7）其他不符合法律、法规、规章规定情形的。

对不予受理的，应当向委托人说明理由，退还其提供的鉴定材料。

（7）司法鉴定机构决定受理鉴定委托的，应当与委托人在协商一致的基础上签订司法鉴定委托书。

司法鉴定委托书应当载明下列事项：

1）委托人和司法鉴定机构的基本情况；

2）委托鉴定的事项及用途；

3）委托鉴定的要求；

4）委托鉴定事项涉及的案件的简要情况；

5）委托人提供的鉴定材料的目录和数量；

6）鉴定过程中双方的权利、义务；

7）鉴定费用及收取方式；

8）其他需要载明的事项。

因鉴定需要耗尽或者可能损坏检材的，或者在鉴定完成后无法完整退还检材的，应当事先向委托人讲明，征得其同意或者认可，并在协议书中载明。

在进行司法鉴定过程中需要变更协议书内容的，应当由协议双方协商确定。

陕西电力司法鉴定中心在案件受理过程中依照相关法规，制定了"受理制度"和"鉴定业务委托受理须知""受理案件程序流程"等，在司法鉴定业务受理中的做法主要是：

由司法鉴定中心负责人指定的承办人负责受理。

1. 决定当场受理的

（1）收取鉴定相关费用。

本中心财务人员收取委托方鉴定费后，应出具税务凭证并复印税务凭证中的发票联。

复印的《收费凭据》应作为司法鉴定业务档案卷宗材料归档。

（2）完善受理登记手续。

本中心与委托方承办人应签订一式两份《司法鉴定委托书》，双方各执一份。

《司法鉴定委托书》应作为司法鉴定业务档案卷宗材料归档。

2. 决定补充材料的

（1）收取鉴定委托材料。

经审核，需要补充鉴定材料，不能当场受理的，应填写一式二份《司法鉴定委托材料收领单》，其中一份交委托方承办人，另一方连同收取的鉴定委托材料由本中心安排专人负责保存。

（2）告知补充材料内容。

鉴定材料补充齐全后，按当场受理的程序办理。

3. 决定不予受理的

（1）退还送鉴全部材料。

（2）说明不予受理的理由。

决定不予受理的，应向委托方说明法定的理由。

（三）司法鉴定的实施

根据国家有关规定的要求和电力司法鉴定实践经验，电力司法鉴定实施的做法如下：

1. 初次鉴定

（1）司法鉴定机构对同一鉴定事项，应当指定或者选择本机构两名以上司法鉴定人共同进行鉴定；对疑难、复杂或者特殊的鉴定事项，可以指定或者选择多名司法鉴定人进行鉴定。

（2）委托人有特殊要求的，经双方协商一致，也可以从本机构中选择符合条件的司法鉴定人进行鉴定。

（3）司法鉴定人本人或者其近亲属与委托人、委托的鉴定事项或者鉴定事项涉及的案件有利害关系，可能影响其独立、客观、公正进行鉴定的，应当回避。

（4）司法鉴定机构应当严格依照有关技术规范保管和使用鉴定材料，严格监控鉴定材料的接收、传递、检验、保存和处置，建立科学、严密的管理制度。司法鉴定机构和司法鉴定人因严重不负责任造成鉴定材料损毁、遗失的，应当依法承担责任。

（5）司法鉴定人进行鉴定，应当依下列顺序遵守和采用该专业领域的技术标准和技术规范：

1）国家标准和技术规范；

2）司法鉴定主管部门、司法鉴定行业组织或者相关行业主管部门制定的行业标准和技术规范；

3）该专业领域多数专家认可的技术标准和技术规范。

不具备上述规定的技术标准和技术规范的，可以采用所属司法鉴定机构自行制定的有关技术规范。

（6）司法鉴定人进行鉴定，应当对鉴定过程进行实时记录并签名。记录可以采取笔记、录音、录像、拍照等方式。记录的内容应当真实、客观、准确、完整、清晰，记录的文本或者音像载体应当妥善保存。

（7）司法鉴定人在进行鉴定的过程中，对需要到现场提取检材的，应当由不少于两名司法鉴定人提取，并通知委托人到场见证。

（8）司法鉴定机构在进行鉴定的过程中，遇有特别复杂、疑难、特殊技术问题的，可以向本机构以外的相关专业领域的专家进行咨询，但最终的鉴定意见应当由本机构的司法鉴定人出具。

（9）司法鉴定机构应当在与委托人签订司法鉴定委托书之日起三十个工作日内完成委托事项的鉴定。鉴定事项涉及复杂、疑难、特殊的技术问题或者检验过程需要较长时间的，经本机构负责人批准，完成鉴定的时间可以延长，延长时间一般不得超过三十个工作日。

司法鉴定机构与委托人对完成鉴定的时限另有约定的，从其约定。

在鉴定过程中补充或者重新提取鉴定材料所需的时间，不计入鉴定时限。

（10）司法鉴定机构在进行鉴定过程中，遇有下列情形之一的，应当终止鉴定：

1）发现委托鉴定事项的用途不合法或者违背社会公德的；

2）委托人提供的鉴定材料不真实或者取得方式不合法的；

3）因鉴定材料不完整、不充分，或者因鉴定材料耗尽、损坏，委托人不能或者拒绝补充提供符合要求的鉴定材料的；

4）委托人的鉴定要求或者完成鉴定所需的技术要求超出本机构技术条件和鉴定能力的；

5）委托人不履行司法鉴定委托书规定的义务或者被鉴定人不予配合，致使鉴定无法继续进行的；

6）因不可抗力致使鉴定无法继续进行的；

7）委托人撤销鉴定委托或者主动要求终止鉴定的；

8）委托人拒绝支付鉴定费用的；

9）司法鉴定委托书约定的其他终止鉴定的情形。

终止鉴定的，司法鉴定机构应当书面通知委托人，说明理由，并退还鉴定材料。

终止鉴定的，司法鉴定机构应当根据终止的原因及责任，酌情退还有关鉴定费用。

2．补充鉴定

补充鉴定是指公安、司法人员或当事人等在对鉴定结论进行分析研究后，若以为所作的鉴定结论不够完备、不够明确或提出了新的问题、或发现与案件有关的新资料，可以决定或申请将已鉴定或新发现的检体，仍交给原委托的鉴定人进行检验，鉴定人对新问题的解答或所作的修正补充，就是补充鉴定。补充鉴定是由原鉴定人作出，是对原鉴定的补充或修正，若是对原鉴定的补充则应将原鉴定结论与补充鉴定结论结合使用；若是对原鉴定修正，则以补充鉴定的鉴定意见为准。补充鉴定是原委托鉴定的组成部分。

有下列情形之一的，司法鉴定机构可以根据委托人的请求进行补充鉴定：

（1）委托人增加新的鉴定要求的；

（2）委托人发现委托的鉴定事项有遗漏的；

（3）委托人在鉴定过程中又提供或者补充了新的鉴定材料的；

（4）其他需要补充鉴定的情形。

司法鉴定机构接受委托进行补充鉴定，应当对委托人请求的事项进行审查，不属《司法鉴定程序通则》规定的情形，司法鉴定机构应当向委托人说明情况，并退回委托书。

补充鉴定符合《司法鉴定程序通则》规定的情形，司法鉴定机构可以指定原鉴定人进行，也可以指派其他司法鉴定人进行，补充鉴定文书是原鉴定文书的组成部分。

3. 重新鉴定

重新鉴定是指对原鉴定结论的可靠性产生疑问时，将原案材料再另行委托其他鉴定人进行的鉴定。重新鉴定的鉴定人，可以不受原鉴定内容和材料的限制，根据委托单位的要求和提供的材料进行鉴定。重新鉴定时若所得出鉴定结论与原鉴定结论不一致，应当对原鉴定结论进行论证，并说明不一致原因。

接受重新鉴定委托的司法鉴定机构的资质条件，不得低于原委托的司法鉴定机构。

委托人同意的，也可以委托原司法鉴定机构，由其指定原司法鉴定人以外的其他符合条件的司法鉴定人进行。

有下列情形之一的，司法鉴定机构可以接受委托进行重新鉴定：

（1）原司法鉴定人不具有从事原委托事项鉴定执业资格的；

（2）原司法鉴定机构超出登记的业务范围组织鉴定的；

（3）原司法鉴定人按规定应当回避没有回避的；

（4）委托人或者其他诉讼当事人对原鉴定意见有异议，并能提出合法依据和合理理由的；

（5）法律规定或者人民法院认为需要重新鉴定的其他情形。

进行重新鉴定，有下列情形之一的，司法鉴定人应当回避：

（1）有《司法鉴定程序通则》第二十条第一款规定情形的。

（2）参加过同一鉴定事项的初次鉴定的。

（3）在同一鉴定事项的初次鉴定过程中作为专家提供过咨询意见的。

委托的鉴定事项完成后，司法鉴定机构可以指定专人对该项鉴定的实施是否符合规定的程序，是否采用符合规定的技术标准和技术规范等情况进行复核，发现有违规的。应当予以纠正。

对于涉及重大案件或者遇有特别复杂、疑难、特殊的技术问题的鉴定事项，根据司法机关的委托或者经其同意，司法鉴定主管部门或者司法鉴定行业组织可以组织多个司法鉴定机构进行鉴定。

（四）司法鉴定文书的出具

（1）司法鉴定文书包括司法鉴定意见书和司法鉴定检验报告书。

（2）司法鉴定文书的制作应当符合统一规定的司法鉴定文书格式。

（3）司法鉴定文书应当由司法鉴定人签名或者盖章。多人参加司法鉴定，对鉴定意见有不同意见的，应当注明。

（4）司法鉴定文书应当加盖司法鉴定机构的司法鉴定专用章。

（5）司法鉴定机构出具的司法鉴定文书一般应当一式三份，二份交委托人收执，一份由本机构存档。

（6）司法鉴定机构应当按照有关规定或者与委托人约定的方式，向委托人发送司法鉴定文书。

（7）委托人对司法鉴定机构的鉴定过程或者所出具的鉴定意见提出询问的，司法鉴定人应当给予解释和说明。

（8）司法鉴定机构完成委托的鉴定事项后，应当按照规定将司法鉴定文书以及在鉴定过程中形成的有关材料整理立卷，归档保管。

（9）鉴定文书具有严肃性，鉴定人出具的鉴定文书一经发出，除鉴定机构自动撤销外，包括司法鉴定管理部门在内的任何机关和个人无权撤销鉴定文书，鉴定人也不得自行收回。如果当事人对鉴定意见有异议，应通过法庭或其他办案机关质证方式解决或依照诉讼法律规定，申请重新鉴定。

（五）出庭

司法鉴定人应当按照司法机关或者仲裁机关的要求按时出庭。司法鉴定人出庭时，应当出示《司法鉴定人执业证书》，依法实事求是地对鉴定结论的依据进行说明，回答与鉴定相关的问题。

1. 鉴定人出庭质证是法律要求

司法鉴定人出庭质证在《全国人大常委会关于司法鉴定管理问题的决定》、《中华人民共和国刑事诉讼法》、《中华人民共和国民事诉讼法》、《中华人民共和国行政诉讼法》、司法部《司法鉴定程序通则》、最高人民法院《关于行政诉讼法证据若干问题的规定》、最高人民法院《关于民事诉讼法证据若干问题的规定》等有关法律、法规中都有明确的规定。

全国人大《决定》第十一条规定"在诉讼中，当事人对鉴定意见有异议的，经人民法院依法通知，鉴定人应当出庭作证"。最高人民法院《关于民事诉讼法证据若干问题的规定》第五十九条"鉴定人应当出庭接受当事人质询"。最高人民法院《关于行政诉讼法证据若干问题的规定》第四十七条"当事人要求鉴定人出庭接受询问的，鉴定人应当出庭"。《中华人民共和国刑事诉讼法》《中华人民共和国民事诉讼法》《中华人民共和国行政诉讼法》以及相关的司法解释都对司法鉴定人出庭质证的程序、条件、权利和义务等方面作了原则性规定或具体规定。这些规定对司法鉴定人出庭质证都提出了明确的要求。

2. 司法鉴定人出庭作证的程序和要求

司法鉴定人出庭作证依照一定的程序进行，它包括程序的启动、通知、出庭、法庭质证和签名。

（1）程序的启动。

司法鉴定人出庭质证可以由案件的双方当事人提起，亦可以由法官提起，但最终决定权在法庭。

（2）出庭通知。

当事人申请司法鉴定人出庭的，应当在举证期限届满前7日向法院提出书面申请。法院经审查同意后，应在开庭前三日向司法鉴定人送达出庭通知。

（3）出庭。

司法鉴定人按出庭通知上规定的日期、时间准时出庭，并向法庭提供鉴定人的资格证明材料。

（4）法庭质证。

司法鉴定人在法庭上对案件公诉人、辩护人、当事人、代理人、法官以及具有专门知识的人员、依照法律程序对作为证据的司法鉴定结论提出的有关问题以通俗易懂的语言作如实的解答。

（5）签名。

法庭质证完毕后，司法鉴定人对质证笔录进行仔细阅读。如果没有错误，即可签名。如有错误，提请法官改正笔录。笔录改正后，再签名。

第七章

电力司法鉴定机构和司法鉴定人的权利义务与职责

一、司法鉴定机构必须是具有权利能力和行为能力的专门机构

所谓权利能力的取得是经过省级以上司法行政主管机关依规定审批登记、允许从事司法鉴定的权利。所谓行为能力，是指从事司法鉴定工作的专门机构必须具有相应的人才、专家、设备及技术能力。

目前，我国尚无全国统一的法律规定，关于司法鉴定机构成立的条件及司法鉴定人的权利义务等的规定主要是国家司法主管部门和省级司法主管部门的属地要求。

申请登记设立司法鉴定机构的共性要求是应当具备下列条件：

（1）有明确的司法鉴定业务范围；

（2）有业务范围内所必需的场所、仪器、设备；

（3）有业务范围内所必需的通过计量认证或者实验室认可的检测实验室；

（4）每项司法鉴定业务有三名以上司法鉴定人；

（5）有进行司法鉴定业务一定的资金保障；

（6）法律、法规和规章规定的其他条件。

法医类司法鉴定机构应当在医学、法医科研教学单位和三级甲等医院中遴选。

二、司法鉴定机构的职责

根据司法鉴定实践和各地规定精神。司法鉴定机构主要履行下列职责：

（1）建立健全执业、收费、公示、鉴定材料、业务档案、财务、投诉处理等管理制度；

（2）在登记的业务范围内接受司法鉴定委托，指派司法鉴定人并组织实施司法鉴定，按照规定或者约定的时限完成司法鉴定；

（3）按照委托协议（合同）依法完成委托事项；

（4）管理本机构人员，监督司法鉴定人执业活动；

（5）为司法鉴定人执业活动提供必要的条件和物质保障；

（6）组织本机构人员的业务培训；

（7）接受司法行政部门的监督检查，按要求提供有关材料；

（8）协助、配合司法行政部门和有关部门调查、处理涉及本机构的举报、投诉；

（9）法律、法规和规章规定的其他职责。

三、司法鉴定人的概念与执业人员条件

司法鉴定人，是指取得司法鉴定人职业资格证书和执业证书，在司法鉴定机构中执业，运用专门知识和技能对诉讼、仲裁活动中涉及的专门性问题进行科学鉴别和判断的专业技术人员。

申请司法鉴定执业的人员，应当具备下列条件之一：

（1）具有与所申请从事的司法鉴定业务相关的高级专业技术职称；

（2）具有与所申请从事的司法鉴定业务相关的专业执业资格或者高等院校相关专业本科以上学历，从事相关工作五年以上；

（3）具有与所申请从事的司法鉴定业务相关工作十年以上经历，具有较强的专业技能。

因故意犯罪或者职务过失犯罪受过刑事处罚的，受过开除公职处分的，以

及被撤销司法鉴定人资格的人员，不得从事司法鉴定业务。

四、司法鉴定人执业享有的权利和义务

司法鉴定人执业享有以下权利：

（1）查阅与司法鉴定事项有关的资料，询问有关当事人、证人等；

（2）要求司法鉴定委托人无偿提供司法鉴定所需的鉴定材料、样本；

（3）进行司法鉴定所必需的检验、检查和模拟实验；

（4）对于不合法、不具备司法鉴定条件或者超出登记执业范围的司法鉴定事项，可以不接受委托或指派；

（5）拒绝解决、回答与司法鉴定无关的问题；

（6）司法鉴定意见不一致时，有权保留不同意见；

（7）参加司法鉴定业务培训和继续教育；

（8）获得合法报酬；

（9）法律、法规规定的其他权利。

司法鉴定人执业应当履行以下义务：

（1）受所在司法鉴定机构指派，按时完成司法鉴定事项，出具司法鉴定意见，并签名或者盖章；

（2）依法回避；

（3）妥善保管送鉴的鉴定材料；

（4）保守在执业活动中知悉的国家秘密、商业秘密和个人隐私；

（5）依法出庭作证，回答与司法鉴定有关的询问；

（6）接受司法行政部门和所在机构的监督管理；

（7）按照规定承办司法鉴定援助；

（8）法律、法规规定的其他义务。

五、司法鉴定机构与司法鉴定人的关系

在司法鉴定活动中，司法鉴定人是主体，他与司法鉴定机构是相互依存的

关系：

（1）司法鉴定机构是司法鉴定人存在的载体，是鉴定人人事制度的管理单位，通过管理培养提高鉴定人的素质，并提供鉴定人工作的场所。

（2）司法鉴定机构为司法鉴定人完成鉴定提供保障。鉴定机构负责管理固定资产，同时为鉴定活动提供必要的设施，研究发展鉴定技术，协调鉴定工作。

（3）司法鉴定机构为鉴定人鉴定提供身份证明。在鉴定文书中，加盖鉴定单位印章以证明鉴定人身份。

六、电力司法鉴定人的选择

由于电力建设的飞速发展和电力行业的特殊性决定，电力企业面临诸多的涉电纠纷，主要表现在电网建设方面、电网运行维护方面、电力设施保护方面、电力营销方面、合同管理方面、触电人身损害赔偿等方面，这些纠纷有些已经严重影响到电力企业的生产经营工作。涉电纠纷的复杂性决定了电力司法鉴定工作者涉及专业的广泛性和全面性。在办理电力司法鉴定案件中，电力司法鉴定人的选择和确定尤为重要。

在电力司法鉴定人的选择中，电力司法鉴定机构应当指定本中心具有该鉴定事项执业资格的司法鉴定人进行鉴定。

委托人有特殊要求的，经中心负责人同意，可以从本中心选择符合条件的司法鉴定人进行鉴定。

对同一鉴定事项，应当指定或者选择两名司法鉴定人共同鉴定，对疑难复杂或者特殊的鉴定事项，可以指定或者选择多名司法鉴定人进行鉴定。

一般情况下鉴定人的选定工作，由鉴定中心负责人或业务主管人员召集相关人员选择确定。

法律对鉴定人选择有规定的，按照相关规定办理。

电力司法鉴定所涉及的专业未纳入鉴定人名册、或未被列入本鉴定机构许可的鉴定类别时，经鉴定中心负责人同意，可以从社会相关专业中择优选定涉电的受委托单位或专业专家技术人员进行鉴定。

为了及时准确地处理好电力司法鉴定中心的各项专业技术鉴定工作，严把质量关，鉴定机构可以制定专业技术管理委员会的管理制度，严格遵守司法鉴定"科学、客观、独立、公正"的工作原则，对本鉴定机构各类鉴定业务中的重大、疑难、复杂、有争议的案件进行复核及会审，提供科学处理、解决问题的建议。同时定期对电力各专业鉴定的业务质量进行检查评估，建立质量评估体系及监督管理制度，弥补了电力司法鉴定人选择中的偏颇和电力司法鉴定人专业知识的不足，有效保证电力司法鉴定案件质量。

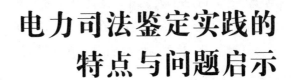

第八章

电力司法鉴定实践的
特点与问题启示

一、电力司法鉴定实践的特点

（一）涉电纠纷类型多样化

近年来，随着社会法治化进程的加快，企业和公民法律意识不断增强，涉电纠纷案件日益增多，涉电纠纷主体既有双方也有多方，如企业与企业之间、企业与自然人之间、自然人与自然人之间等。涉电纠纷的类型呈现出多样化的特点。

1. 人身涉电伤亡事故有多种形式

第一种，因电力生产涉电引起的人身伤亡事故。例如：广东电网某供电局在进行 10kV 变压器迁移工作时，作业人员从梯子上跌落，造成 1 人死亡；武汉某电力有限公司在某电厂 2 号机组检修工作中，施工人员在未履行工作票手续情况下，擅自拆除发电机人孔盖板，人孔盖板在发电机内部空气压力作用下冲开，致使施工人员被击中，造成 1 人死亡；广西某供电公司员工在 110kV 狮旺线附近进行线路维护工作，被砍伐的树木倒向带电线路侧，导致线路对树木放电，造成 1 人死亡；陕西地方电力（集团）某县供电分公司工作人员在配电变压器旁抄表时，不慎跌落，造成 1 人触电死亡。以上均属电力生产中涉及人身伤亡事故的司法鉴定案件。

第二种，因电力建设涉电引起的人身伤亡事故。例如：中国能建集团某施工局在进行导流底孔混凝土浇筑过程中，缆机信号工错误指挥缆机吊罐下降，导致 2 名作业人员随集料斗落入水垫塘，造成 1 人死亡，1 人失踪。贵州某电力建设有限公司在农网升级改造项目施工中，进行低压线路安装时，发生触电事故，造成 1 人死亡。山东电力建设某工程公司在核电厂常规岛施工过程中发生高坠事故，造成 1 人死亡。湖北某送变电公司在四川宜宾进行±800kV 溪浙线特高压直流输电线路铁塔施工过程中，组立铁塔抱杆倒塌，造成分包单位 3 人死亡。以上案例均说明电力司法鉴定在电力建设中涉及人身伤亡事故增多。

第三种，因自然灾害涉电引发的人身伤亡事故。例如：某集团股份有限公司项目部在黄河上游水电站施工过程中，施工人员在沟排洪洞进口进行设备检查时，突遇泥石流，造成 2 人失踪；中国某集团基础工程有限公司在某风电场进场道路施工时，因持续降雨致道路挡土墙坍塌，造成协作单位员工 5 人死亡，5 人受伤；某集团公司施工局在大渡河猴子岩水电站（装机容量 170 万 kW）泄洪洞施工过程中，发生塌方，造成 2 人死亡，4 人受伤。经不完全统计，在电力建设中因自然灾害原因高处坠落、触电、坍塌压埋事故是电力人身伤亡事故的主要类型，分别占人身伤亡事故总起数的 26.7%、26.7%、21.7%；死亡人数分别占人身伤亡总人数的 23.4%、23.4%、29.9%。特别是垮塌事故，造成的群死群亡事故较多。另外工程外包、分包和协作队伍人身伤亡事故，占事故起数和死亡人数比例较大。许多事故原因均需进行司法鉴定为司法案件处理提供证据。

2. 电力生产事故，呈现多种形式

例如：某风电场 2 号风机发生火灾，造成风机机舱部分设备烧毁，初步估计经济损失超过 100 万元；山西某电厂（总装机 330 万 kW）因 500kV 阳东三线跳闸，造成电厂三台机组（2 号机 35 万 kW、4 号机 35 万 kW、8 号机 60 万 kW）停机，减少出力 130 万 kW；浙能集团某联合发电有限公司燃机发电厂 8 号机组因燃机超温保护动作跳闸，部分动、静叶片局部损坏，初步估计设备经济损失约 500 万元。

发生电力非安全事件更多，例如：国电长源电力股份有限公司某热电厂长期停运，220kV 变电站 1 号母线至荆枣线 I 回 C 相的引线线夹断裂，引线下落时与 2 号母线 B 相接触，全站失压，造成湖北某供电公司一座变电站及 5 个 110kV 变电站全停。事件造成负荷损失 9 万 kW，占市总负荷的 10.8%，影响用户 6.3 万户，占全市用户的 6.7%；又如某年，广东某供电局 220kV 阳江变电站因母联 TA（C 相）内部故障，母差保护动作跳开 220kV 断路器，导致 220kV 阳江变电站及 110kV 石湾站失压，损失负荷 4.92 万 kW，占阳江市总负荷的 8.89%，影响用户 8.67 万户，占全市用户的 10.67%；海南 500kV 福山站 220kV 两条母线母差保护动作跳闸，导致福山站 5 条 220kV 线路跳闸，海南电网解环运行，同时，500kV 福港线过电压保护动作跳闸，导致福山站全站失压。

3. 供用电合同纠纷

例如违反供用电合同盗窃电能的案件经常发生。据有关报道，陕西一个省因窃电每年损失 3 亿元左右，西安市约占 1/3。某市高压供电局徐家湾变电站站长陈某与西安北郊某电石厂厂长姜某及电石厂配电室负责人辛某内外勾结窃电，影响很大。据陈某等人交代，自姜某承包电石厂后，因炼电石需电量大，如正常交纳电费，电石厂可能赔钱。经与陈某商量后，姜指使辛某将"U"形卡插进电表，使电表不走，由陈某将电石厂窃取的电量转到群众用户公网上，并将查看电石厂用电量的专用电表烧坏了 3 次，使前来检查的人无法查出窃电。仅 3 年，他们窃电总价值近千万元，陈某先后从姜某处得到现金、财物价值 135 万余元。

4. 破坏电力设施

例如被告人高××伙同侯××、石××等人预谋后，携带扳手、压剪等工具到河南省某市焦村乡水沟村提灌站，撬开房门进入室内，将变压器油放掉，将变压器铜芯盗走。后以 1000 余元将变压器铜芯卖给许××。被破坏的变压器经鉴定机构鉴定损失价值为 7279 元。如此盗窃和破坏电力设施的案件多发，对电力企业和群众生产生活造成巨大损失。

还有电力线路与民房距离纠纷问题，因停电或电能质量问题损害用户电器设备等均成为多发的涉电纠纷类型，在电力建设、生产、销售、使用的每个过程发生纠纷，均申请电力司法鉴定。

（二）鉴定委托方构成多样化

在电力类司法鉴定实践中，鉴定委托方的构成亦呈多样化特点。除各级人民法院以外，民事纠纷当事人、检察院、仲裁机构、侦查机关以及政府职能部门均就相关电力专业问题进行过鉴定委托，用以解决侦查、审判、仲裁以及行政执法过程中的电力专业问题。例如：陕西电力司法鉴定中心就接受了山西省某市顺盛新型环保建材有限公司的委托，对某发电厂的电力生产事故原因及其责任进行鉴定。开始出现了鉴定委托方多样化、自主化、民意化的现象，突破了主要由司法机关委托鉴定的单一化。

（三）电力类司法鉴定事项多集中在配电侧

尽管涉电纠纷类型多种多样，但电力行业的自身特点决定了电力建设和生产环节纠纷相对较少，而在电力销售和使用过程中更容易发生涉电纠纷，尤其以配电侧为多发，而很多纠纷又是以人身伤害为最初案由，根据原国家电监会及国家能源局通报汇总，每年全国发生电力人身伤亡事故60起左右，死亡77人上下。其中，电力生产人身伤亡事故约占85%左右；电力建设人身伤亡事故约占10%左右；因自然灾害引发的人身伤亡事故约占5%左右。这些死亡事故，根据诉讼需要，最终确定的委托鉴定事项多为电击原因鉴定，其中又多为安全距离鉴定。

（四）电力类司法鉴定方法差异性大

我国地域广阔，地区之间发展程度不同，同类涉电纠纷在不同地区呈现出不同特点。如盗窃电能类案件，其窃电方法五花八门、各不相同；即便是使用同一种方法窃电的案件，又因委托方所能提供送鉴材料的不同，需要采取不同的鉴定方法。此外，相当数量的鉴定委托不仅需要大量的计算，还需要进行试验和现场勘验，如输（配）电线路与民房距离的测量计算、漏电保护开关的动作特性试验等。

二、多发案件的分析与启示

在电力司法鉴定实践中，位居鉴定前三位的分别是：电力人身伤害原因类、交易电量及其计量类和电力设施保护类司法鉴定。

（一）电力人身伤害原因类司法鉴定分析与启示

在所有涉电纠纷中，由电力人身伤害引起的纠纷数量最多，这类纠纷不仅给受伤害一方当事人造成身体和心理损害，而且更容易成为影响社会和谐稳定的因素。造成电力人身伤害的原因多种多样，根据实践归结起来主要有以下几点：

1. 安全用电意识薄弱

电力作为一种特殊的产品和商品，其使用必须要遵守相应的规范和规则，否则，就会造成人身损害和财产损失。但在日常生产生活中，电力用户由于安全用电意识淡薄极易发生触电造成人身伤害。如：在鉴定案例中，由于施工人员在潮湿地面进行电焊作业时，没有做好安全防护措施，既没有戴手套也没有穿绝缘鞋，结果造成触电死亡的情况时有发生。

2. 法律意识淡薄

在电力人身伤害案件中，有相当一部分案件是由于受害人对电力相关法律法规内容不了解，或无视法律法规擅自进行施工作业，结果造成人身伤害。如：某供电局一员工利用职务之便私接线路为火锅店窃电，由于所接线路不规范，搭在了电线杆斜拉线上，天长日久，风吹日晒，使带高压电线漏电到斜拉线上，造成了过路高中学生刘某触电身亡案的发生。

法律意识淡薄的另外一种表现是因盗窃电力设备而触电造成损害。例如：在浙江省某县发生一起偷盗电力设施而引发的触电死亡事故。据查，案发当天18时28分左右，水龙变10kV双工584线发生接地，县供电局坎门供电所在接到调度命令后，立刻组织人员对线路进行巡线，发现该线路2号杆转角拉线有一条下垂，搭碰在C相导线上，2号杆拉线边躺着一名男子，已经触电身亡。触电死亡的男子约40岁，系外来务工人员，脚下方有一把27寸活动扳手，身体左侧放有一条编织袋。由于是触电身亡，死者身上有明显遭受电击迹象，右手蜷缩。从案发现场来看，死者是要盗窃电力线路上的UT形线夹，在拆除最后一只螺帽时，触电身亡。

3. 用电设施（设备）不合规

由于用电设施（设备）不符合规范或者安装错误也是导致电力人身伤害的

重要原因。如家庭装修的接线错误［卫生间电源插座的 PE 线接到了客厅接线盒的火线（L）端子上］造成在卫生间洗澡人员触电死亡；高压开关柜负荷开关动触头与活门间的电气间隙过小，异物引发负荷开关动触头与其活门之间弧光放电造成正在施工人员受电击死亡均属同类原因。比如：在汕头市某集团公司承建的天河北路光大银行大厦工地，杂工陈某发现潜水泵开动后漏电开关动作，便要求电工把潜水泵电源线不经漏电开关接上电源，起初电工不肯，但在陈某的多次要求下照办。潜水泵再次启动后，陈某拿一条钢筋欲挑起潜水泵检查是否沉入泥里，当陈某挑起潜水泵时，即触电倒地，经抢救无效死亡。本案事故原因是操作工陈某由于不懂电气安全知识，在电工劝阻的情况下仍要求将潜水泵电源线直接接到电源，同时，在明知漏电的情况下用钢筋挑动潜水泵，违章作业，这是造成事故的直接原因。电工在陈某的多次要求下违章接线，明知故犯，留下严重的事故隐患，是事故发生的重要原因。要降低电力人身伤害案件的发生，除了要不断提高企业、公民的法律意识之外，相关电力企业还要加大安全用电、合规用电常识的宣传，减少电力人身伤害的发生。另外，及时进行触电后相关抢救措施，特别是心肺复苏知识的普及也是降低电击死亡率的有效手段。

（二）交易电量及其计量类司法鉴定分析与启示

此类司法鉴定涉及的内容大多集中在对窃电行为的认定和损失电量及其金额的计算方面，也就是电力行业常说的反窃电工作。

1. 交易电量及其计量类司法鉴定涉及的主要类型和特点

（1）直接搭接公共供电线路窃电。

（2）通过隐蔽工程跨越计量装置，表前窃电并加装控制装置随时窃电。

（3）私自改造电能表或直接损坏计量装置造成计量误差窃电。

（4）擅自改变用电性质。例如：山东某县李台镇村民侯××与供电公司建立了供用电关系，并一直按照农村居民照明用户的收费标准交纳电费。随着市场开放的深入，为改善生活在家里开了个豆腐坊，农闲时做些豆腐卖。这种在执行居民生活电价的情况下从事生产经营活动，就属于擅自改变用电类别。擅自改变用电性质事实和造成的后果是应该追缴电费，这就涉及改变用电性质后电量计量的司法鉴定问题。

2. 交易电量及其计量类案件多发的原因

在用户方面：由于用电量大、用电成本高，企业经营者受利益驱使实施窃电。例如：开旅店的童某正在店里忙着，一位神秘来客掏出一个黄色的小铅封，塑料上面还印有镇江供电公司的封印，童某得知这就是封电表的铅封时，即向来人详细询问了如何使用后，立马掏钱买了二十来个小铅封。正巧当月供电公司的人没有来登记上两个月的用电量，童某立刻现学现用，把电表上的数字拨了下来，拨到没有开旅馆时每月用电的大概数字，然后又把买来的铅封原样装了上去。一个月后，供电公司的工作人员来查看电表并没有发现异样，此后，每次快到供电公司的人来登记电表数的时候，童某就如此操作一番，实施了长时间的窃电犯罪活动。

在供电方面：管理制度不健全，制度执行不到位。具体表现在工作人员责任心不强。例如：某厂电力实业开发总公司建筑安装公司在承包的地下排水工程施工中，因人员违章作业发生一起人员触电死亡事故。此次人身死亡事故的直接原因是死者唐某在作业中图省事，怕麻烦，擅自违章蛮干造成的。唐某在作业中，电源进口引线三相均未固定，用左手持电缆三相线头搭接在空气开关进口引线螺丝上（电源侧）进行抽水泵的试转工作，在用右手向左手方向投空气开关时因用力过猛，电源线一相碰在左手大拇指上触电，触电后抽手时，将电源线（三相）抱在身体心脏处导致触电死亡。

另外，防窃电手段落后，未安装负荷管理系统，也是发案原因之一。例如：冉某承租了北京市珐琅厂几百平方米的平房，并将其分租给 30 余家商户。虽然收益不错，但冉某总觉得每月收上来的 6000 元电费转手交给供电公司太心疼。有一天冉某找到地段抄表员连某，向她抱怨出租房的电费太高了，看看能否帮忙，连某当即答应，并说自己的孩子有病很需要钱，冉某立即心领神会。到抄表收电费的日子，连某叫来供电局施工队的刘某将冉某的电表倒拨到指定的数据后，再将表装好。刘某为此得到了 500 元"好处费"。就这样，连某先后 15 次带人将冉某的电表倒拨，共窃电 28 万 kWh，价值人民币 18 万余元。其中连某先后得款 31000 元。

3. 如何有效运用司法鉴定手段确定交易电量和金额

为了便于立案和审判中的量刑，很多检察院、法院希望通过司法鉴定计算得出窃电嫌疑人确切的窃电量和金额。但在司法鉴定实践中，普遍存在定性证据充分而定量证据缺乏的问题，而定量证据中最为关键的是窃电行为的起始时间，特别是实施窃电的开始时间难以确定。所以在实践中，应该注意的问题是：

（1）定性证据取证要充分、完整；

（2）电费管理要规范，台账完整、发票齐全；

（3）供电合同规范，供电方案科学，用户报装、增容、处罚单据要完整；

（4）充分利用负荷管理系统的图表和数据；

（5）完善用电检查的日常管理，发现窃电行为及时处理并开具书面处理意见；

（6）重视原始现场和物证的保护，可借助拍照、录像、公证等手段进行取证；

（7）查窃电现场及取证最好有公安机关在场。

（三）电力设施保护类司法鉴定分析与启示

1. 电力设施保护类司法鉴定的主要类型和特点

作为电力司法鉴定又一多发类别，电力设施保护涉及的纠纷多数以人身伤害为案由，如施工人员在施放网线过程中碰触高压线被电击死亡，在对触电原因进行鉴定中，不可避免地要对涉案电力设施的情况以及在电力设施保护区内施工的合法性进行鉴定。在司法鉴定实践中，电力设施保护类司法鉴定主要集中在以下几个方面：电力设施与房屋（设施）距离鉴定，包括电力设施自身是否符合规范；电力设施维护责任鉴定，诸如是否按规定悬挂安全警示牌等；电力设施保护区内施工是否合规等。

2. 电力设施保护类司法鉴定的启示

电力设施的所有者和维护者除了要保障电力设施的安全稳定运行之外，一方面要不断完善电力设施的日常维护和管理，发现问题要及时解决，以免成为发生人身伤害事故的隐患；另一方面，还要规范实施电力设施保护手段，及时发现并制止保护区内危及电力设施的行为，并依法履行相应的告知义务；此外，在诉讼过程中，申请电力类司法鉴定也是维护公平正义的有效手段。

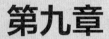

第九章

中国电力司法鉴定的
法律依据

一、司法鉴定相关法律规定

全国人民代表大会常务委员会关于司法鉴定管理问题的决定（自 2005 年 10 月 1 日起施行，2015 年 4 月 24 日修正）

司法鉴定机构登记管理办法（司法部令第 62 号，自 2000 年 1 月 1 日起施行，2005 年 9 月 30 日失效）

司法鉴定机构登记管理办法（司法部令第 95 号，自 2005 年 9 月 30 日起施行）

司法鉴定人登记管理办法（司法部令第 96 号，自 2005 年 9 月 30 日起施行）

司法鉴定程序通则（司法部令第 107 号，自 2007 年 10 月 1 日起施行，自 2016 年 5 月 1 日起废止）

司法鉴定程序通则（司法部令第 132 号，自 2016 年 5 月 1 日起施行）

河南省司法鉴定管理条例（自 2002 年 1 月 1 日起施行）

四川省司法鉴定管理条例（自 2002 年 9 月 1 日起施行，2020 年 7 月 31 日修订，自 2020 年 10 月 1 日起施行）

河北省司法鉴定管理条例（自 2003 年 1 月 1 日起施行，2015 年 7 月 24 日修正后施行）

宁夏回族自治区司法鉴定管理条例（自 2004 年 5 月 1 日起施行，2023 年 9 月 23 日修订，自 2023 年 11 月 1 日施行）

浙江省司法鉴定管理条例（自 2009 年 10 月 1 日起施行）

陕西省司法鉴定管理条例（自 2011 年 1 月 1 日起施行）

黑龙江省司法鉴定管理条例（自 2016 年 3 月 1 日起施行，2020 年 6 月 18 日修改，自 2021 年 1 月 1 日起施行）

广西壮族自治区司法鉴定管理条例（自 2016 年 12 月 1 日起施行）

云南省司法鉴定管理条例（自 2017 年 1 月 1 日起施行，2024 年 9 月 26 日修改后施行）

江苏省司法鉴定管理条例（自 2017 年 5 月 1 日起施行）

安徽省司法鉴定管理条例（自 2018 年 2 月 1 日起施行）

西藏自治区司法鉴定管理条例（自 2018 年 10 月 1 日起施行）

天津市司法鉴定管理条例（自 2019 年 11 月 1 日起施行）

上海市司法鉴定管理条例（自 2020 年 5 月 1 日起施行）

北京市司法鉴定管理条例（自 2021 年 1 月 1 日起施行）

福建省司法鉴定管理条例（自 2022 年 7 月 1 日起施行）

广东省司法鉴定管理条例（自 2022 年 7 月 1 日起施行）

二、电力法律

中华人民共和国电力法（自 1996 年 4 月 1 日起施行，2009 年 8 月 27 日第一次修正，2015 年 4 月 24 日第二次修正，2018 年 12 月 29 日第三次修正）

三、电力行政法规

电力设施保护条例（自 1987 年 9 月 15 日起施行，1998 年 1 月 7 日第一次修订，2011 年 1 月 8 日第二次修订）

电网调度管理条例（自 1993 年 11 月 1 日起施行，2011 年 1 月 8 日修订）

电力供应与使用条例（自 1996 年 9 月 1 日起施行，2016 年 2 月 6 日第一次修订，2019 年 3 月 2 日第二次修订）

电力监管条例（自 2005 年 5 月 1 日起施行）

电力安全事故应急处置和调查处理条例（自 2011 年 9 月 1 日起施行）

四、电力部门规章

电力设施保护条例实施细则（自 1999 年 3 月 18 日起施行，2011 年 6 月 30 日第一次修订，2024 年 1 月 4 日第二次修订）

电网调度管理条例实施办法（自 1994 年 10 月 11 日起施行）

供用电监督管理办法（自 1996 年 9 月 1 日起施行，2011 年 6 月 30 日第一次修订，2024 年 1 月 4 日第二次修订）

居民用户家用电器损坏处理办法（自 1996 年 9 月 1 日起施行，自 2021 年 4 月 1 日起废止）

供电营业规则（电力工业部令第 8 号，自 1996 年 10 月 8 日起施行，自 2024 年 6 月 1 日起废止）

供电营业规则（国家发展和改革委员会令第 14 号，自 2024 年 6 月 1 日起施行）

电网运行规则（试行）（自 2007 年 1 月 1 日起施行，2024 年 1 月 4 日修订，自 2024 年 3 月 1 日起施行）

供电监管办法（自 2010 年 1 月 1 日起施行，2024 年 1 月 4 日修订，自 2024 年 3 月 1 日起施行）

电力争议纠纷调解规定（自 2012 年 1 月 1 日起施行，自 2017 年 3 月 6 日起废止）

电力安全事故调查程序规定（国家电力监管委员会令第 31 号，自 2012 年 8 月 1 日起施行，自 2023 年 11 月 10 日起废止）

电力安全事故调查程序规定（国能发安全规〔2023〕76 号，自 2023 年 11 月 10 日起施行）

五、司法解释

最高人民法院关于印发《人民法院司法鉴定工作暂行规定》的通知（自 2001 年 11 月 16 日起施行）

人民法院对外委托司法鉴定管理规定（自 2002 年 4 月 1 日起施行）

最高人民法院　司法部关于建立司法鉴定管理与使用衔接机制的意见（自 2016 年 10 月 9 日起施行）

最高人民法院关于从事高空高压对周围环境有高度危险作业造成他人损害的应适用民法通则还是电力法的复函（自 2000 年 2 月 1 日起施行）

最高人民法院关于审理触电人身损害赔偿案件若干问题的解释（自 2001 年 1 月 21 日起施行，自 2013 年 4 月 8 日起废止）

最高人民法院研究室关于对《关于查处窃电行为有关问题的请示》答复意见的函（自 2002 年 9 月 6 日起施行）

最高人民法院关于审理破坏公用电信设施刑事案件具体应用法律若干问题的解释（自 2005 年 1 月 11 日起施行）

最高人民法院关于审理破坏电力设备刑事案件具体应用法律若干问题的解释（自 2007 年 8 月 21 日起施行）

最高人民法院行政审判庭关于征收中央直属发电厂的水力发电用水和火力发电贯流式冷却用水水资源费问题的答复（自 2007 年 11 月 5 日起施行）

人民检察院鉴定规则（试行）（自 2007 年 1 月 1 日起施行）

最高人民检察院关于指派、聘请有专门知识的人参与办案若干问题的规定（试行）（自 2018 年 3 月 21 日起施行）

关于人民法院民事诉讼中委托鉴定审查工作若干问题的规定（自 2020 年 9 月 1 日起施行）

最高人民法院关于诉前调解中委托鉴定工作规程（试行）（自 2023 年 8 月 1 日起施行）

六、通知、答复、函

国务院办公厅关于征收水资源费有关问题的通知（国办发〔1995〕27 号，自 1995 年 4 月 25 日起施行，自 2016 年 6 月 25 日起失效）

国务院办公厅关于实施《中华人民共和国电力法》有关问题的通知（自 1996 年 4 月 2 日起施行）

国务院办公厅关于执行国办发〔1995〕27 号文件有关问题的通知（自 1999 年 1 月 6 日起施行）

财政部、国家发展改革委关于暂停征收电力监管费有关问题的通知（自 2009 年 7 月 28 日起施行）

国家环境保护总局关于确认 220kV 输变电工程环境影响评价文件审批权限的复函（自 2006 年 7 月 14 日起施行）

国家环境保护总局办公厅关于高压输变电建设项目环评适用标准等有关问题的复函（自 2007 年 11 月 28 日起施行，自 2016 年 7 月 13 日起废止）

国家工商行政管理局关于对供电企业限制竞争行为定性处罚问题的答复（自 1999 年 10 月 26 日起施行）

国家计委办公厅关于电价管理权限有关问题的复函（自 2000 年 2 月 25 日起施行，自 2016 年 6 月 13 日起失效）

国家计委办公厅关于国家电力公司文件能否作为价格主管部门行政处罚依据问题的复函（自 2002 年 4 月 29 日起施行，自 2016 年 1 月 1 日起废止）

国务院法制办公室对黑龙江省人民政府法制办《关于电力企业在电费电度表保证金被取消前收取该项保证金的行为是否应当给予行政处罚问题的请示》的复函（自 2002 年 6 月 3 日起施行）

国家发展改革委办公厅关于电力城市公用事业附加费有关问题的复函（自 2003 年 9 月 18 日施行，自 2017 年 7 月 13 日起废止）

七、电力司法鉴定有关规定效力问题说明

电力司法鉴定是近些年来司法实践客观发展需要发展起来的一种新的证据形式。国家目前尚无统一的专门法律规范。实体规范多分散在各有关法律法规中，程序与管理多为国家主管机关颁发制定的规范性规章制度中，而且在实践中根据情况变化不断修改、补充、完善，经常发生旧的规定废止，新的规定替代的状态下，就出现或发生了新旧规定如何适用问题。法理上称其为法律效力问题。

规范的法律效力包括空间效力、时间效力和是否具有溯及既往的问题。所称空间效力是指有关电力司法鉴定的规定在地域空间的效力。包括对什么人有效力，什么行为有效力的总称。通常情况下有关机关颁发的规范，包括法律、法规、规章、制度、标准等文件时，对此规定比较明确。所称时间效力，是指

电力司法鉴定所要遵守的规范生效的时间和失效的时间，通常情况下相关规定在尾部会明确规定生效的时间，大致有几种办法，其一规定规范"颁布之日起生效"，其二规定某年某月某日起施行。有旧规定的还要写明新规生效后旧规失效。另外，行为的发生与规定生效存在时间差，实践中对有关法律、法规、规章、标准、制度等作为规范是否溯及既往，也就是说对某种行为衡量是否合法时是依照旧规定还是按新规定办理，尤其是行为发生时有旧规定无新规定，但处理时旧规废止、新规生效，如何适用新旧规范经常发生争议。

我国实行的新规生效前发生的案件、行为，遵循的原则是不溯既往，而是依照案件或行为发生时的规定办理。如果案件发生和案件审理时间不一致时仍按从"从旧原则"。依照案件发生时的规定、标准、程序办理。但实践中往往发生新、旧规定对案件当事人处理轻重不同。我国实行的是"从轻原则"。在处理时既可按旧规办，也可按新规办。法律另有规定的除外。

所以，电力司法鉴定案件适用的依据应当是案件发生时的规定为准。电力司法鉴定案件的程序依据应当是案件审理时的规定为准。

为此，本书案例评析中涉及的法律、法规、标准、规范有新规、有旧规，就是因为法律效力的不同适用。

第二编
电力司法鉴定案例评析

第一章

电力生产事故及电力可靠性
司法鉴定案例

一、陕西省某市中材水泥股份有限公司变压器爆炸事故司法鉴定案

案　情

陕西某市中材水泥股份有限公司 110kV 总降变电站，原本全线设备运行正常，某年 7 月 2 日至 21 点 18 分，高压电容室内突然发出巨响，全厂停电。经检查发现高压电容室内有烟雾，报警器显示本站低后备 101 断路器、高后备 1211 断路器跳闸，电容器事故总信号发生。值班人员随即将 9AH 电容柜组补偿断路器退出，对本站 110kV 主变压器（简称主变）进行外观检查，未发现异常。之后，总降值班人员用 110kV 断路器先后对主变进行了四次充电，即供即跳，未能成功，变电站停运。

原告某装备集团有限公司认为造成此次变压器爆炸事故的原因是被告提供的变压器设备存在质量问题，遂将被告某变压器有限公司、某机电（集团）有限公司、某电器设备有限公司、某电网自动化股份有限公司诉至法院，请求判令四被告共同赔偿因产品质量责任给其造成的经济损失。

由于争诉时间较长庭审期间双方各持不同观点，法院难以认定。某市中级人民法院出具《鉴定委托书》，委托陕西电力司法鉴定中心对四被告出售给原告的变压器、中压开关柜、高压电器补偿装置损坏原因及涉案损毁变压器残值进行司法鉴定。

鉴定经过

电力司法鉴定人在委托方及相关当事人均在场的情况下，开展了以下 11 个方面的工作：

（1）对现场设备进行勘验。

（2）对故障现场进行查勘。

（3）查看 10kV 母线 9AH 电容柜现场。

（4）调取事故当天电容器柜相关参数记录，并进行分析。

（5）调取事故当天继电保护系统运行记录并进行分析。

（6）详细阅读本案当事人提供的证据材料。

（7）询问目击证人及操作值班人员事故发生过程。

（8）与本案当事人的委托代理人及技术人员座谈。

（9）查阅中材水泥股份有限公司事故分析材料。

（10）对损毁的变压器进行拆卸查勘并估损。

（11）多次召开鉴定小组评析会分析事故原因、事故责任及事故受损情况。

鉴定分析

一、事故现场情况

经现场勘查得知变压器一、二次绕组和铁芯对地电阻均为零，变压器已损坏，现场无法修复。

电容器柜（2700kvar）发生短路，10kV B 相熔断器发生爆炸。电容器柜的顶板和侧板被冲击顶开，电容器没有损坏。

二、事故过程分析

（一）第一次故障过程分析

现象：电容器柜内 B 相熔断器发生爆炸，引发三相短路。A、B 相熔断器上部端头严重烧蚀，C 相上部端头也有放电烧蚀痕迹。电容器柜侧板、顶板被热浪冲击后脱落。电容器没有损坏。

有关短路电流的计算及核实：为了反映短路电流的真实情况，搜集了 PDS—763 电容器保护测控装置、PDS—725 主变 10kV 侧保护装置及国网某供电公司运维检修部提供的故障录波图 110kV 三个录波文件进行比对。

根据 PDS-763 电容器保护测控装置动作信息（证据 2-9AH 电容器保护开关柜保护器 PDS-763 动作电流）"过流 I 段动作、相对时间 20ms、B 相故障、故障电流 $I = 27.08A$"。

9AH 电容器保护定值"速断保护 $I = 11.7A$ $t = 0s$　TA 变比 400/5"（证据 10-总降 9AH 定值单）。

根据 PDS-763 电容器保护测控装置录波图片（证据 1-PDS-763 故障录波），"A 相电流最大值 252.189A、C 相电流最大值 31.247A"。其波形有以下显示：A、C 相电流波形畸变严重；A 相故障电流较 C 相持续时间长 10ms 左右，A 相持续时间约 60ms；无 B 相波形图。

调取同一时刻 PDS-725 装置——主变 10kV 侧保护 PDS-725 过流启动时间：得知该时刻为电容器熔管爆炸形成三相短路时刻。短路电流持续时间约 50ms。对主变 10kV 侧保护 PDS-725 故障录波曲线进行了详尽分析。

根据供电公司运维检修人员提供的故障录波图第一次故障录波图信息可看出：系统第一次故障为三相短路。A、B 相含有直流分量（2-3 周波衰减），C 相较为对称。三相幅值基本相等（二次值 15.77A）。则主变高压侧（110kV 侧）一次短路电流为 $15.77 \times 120 = 1892.4$（A），持续时间：B、C 相 3 个周波（60ms）；A 相约 85ms。

同时，鉴定人员对故障时短路电流计算汇总，对采样地点、电压等级（kV）、电流互感器（TA）变比、相别、各侧短路电流一次值（A）、短路电流、持续时间（ms）、电容器保护测控装置、主变 10kV 侧保护装置、变电站故障录波装置等详细登记。

短路电流情况分析：通过以上对短路电流的检测计算可看出：PDS-763 电容器保护测控装置、PDS-725 主变 10kV 侧保护装置、WDGL-V/X 某局 110kV 西郊变电站故障录波装置三个装置采样点，对于同一次短路故障过程所记录的电流幅值、特征并不完全相同。第一，三套装置采样所用的电流互感器（TA）至故障点的距离不同，电容器保护测控装置所用 TA 就在爆炸的开关柜内，而测控装置也装设在开关柜前面板上，它距离故障点最近。主变 10kV 侧保护装置安装在主控室，其装置所用 TA 在 10kV 进线开关柜内，与爆炸的电容器开关柜属同一电压等级（10kV），并在同一条母线上连接，但距离故障点较远。变电站故障录波装置装设在为总降变电站提供电源的对侧变电站内，距离故障点很远，且与故障点不属于同一电压等级。第二，三套装置采样所用的电流互感器（TA）所属电压等级不同（分别属于 110kV、10kV），变比不同，其特性差异也较大。实践证明：电流互感器所属电压等级越高，变比越大，其励磁特性（伏安特性）曲线也越高。即在通过相近的短路电流时，所属电压等级越高，变比越大的电流互感器二次电流更能真实反映一次故障电流的情况。第三，三套装置中两套为保护测控，一套为故障录波装置。就采样频率而言，保护装置一定比故障录波装置低很多。即在同样的条件下，故障录波装置所录波形更真实。第四，根据市科技咨询服务中心出具的相关文书证明第一次故障时主变差动保护记录高压侧三相电流、第一次故障时主变差动保护记录低压侧三相电流、其电流波形分别与变电站故障录波装置所录波形及主变 10kV 侧保护装置所记录波形相对应且吻合。在同一电压等级或同一位置的两套不同系统所记录的故障电流情况相符，说明了以上基础材料的可信性。

综合以上四点，对于第一次故障的描述及短路电流的计算分析认为：本次故障为典型的三相短路，短路电流持续时间：在主变低压侧三相基本同步，持续时间约 60ms。主变高压侧 B、C 相电流持续时间约 60ms，A 相约 85ms。

保护装置动作情况分析：第一次故障中，共有两个保护动作。其一，是电容器保护测控装置，根据查看电容器故障录波，21:18:08 综保 B 相过流一段（速断）保护动作，动作电流为 27.08A，相对时间 20ms。整定值为：速断电流 11.69A，动作延时 0s。该保护动作正确，保护装置发出跳闸指令。其二，变压器差动保护动作信息。

证明：主变差动保护计算值和制动电流取折算后两侧电流中幅值较大者。

其他异常情况分析：关于 10kV 电容器柜断路器故障后拒动的问题，发生故障拒动的开关柜 9AH 是电容器柜的上级保护开关柜。当电容器柜故障出现短路电流后，保护于 21:18:08:203 过流Ⅰ段动作，显示 9AH 开关柜跳闸失败。事故后由现场工作人员确认 9AH 在合闸位置，并手动分开 9AH 断路器。依据保护信号记录和工作人员在电容器柜故障后查看 9AH 开关柜原始状态，确认 9AH 在电容器柜故障后发生拒动。

此外，从供电局提供的故障录波图得出短路电流持续时间最大为 85ms。

9AH 开关柜不论动作或拒动,基本对短路电流持续时间不产生影响。从 10kV 系统短路后的结果看,不构成对其他设备加重损坏的因素。

关于电容补偿柜故障分析:发生故障的电容器柜是某电器设备有限公司生产制造,补偿容量为 2700kvar,限流熔断器额定电流为 250A。经现场运行人员检查,柜内 B 相熔断器(型号 XRNT12kV 250A)爆炸,C 相熔断器熔断,柜体侧板和顶板被爆炸冲击脱落。现场查看检查电容器完好。

电容器柜主要元件是熔断器和电容器,熔断器串联于电容器的进线端。熔断器的功能是当电容器故障出现短路电流后,熔断器内熔丝熔断,切除故障电容器与系统的连接。

GB/T 15166.2—2008《高压交流熔断器 第 2 部分:限流熔断器》,第 5.1.3 条性能标准条件:① 充粉剂熔断件不应喷出火焰或粉末,不过只要不引起击穿或明显的对地漏电,可允许从撞击器或指示器喷出微量火焰;② 熔断器动作后,熔断器组件皆应处于原来的状态,在动作后应能整体地取出熔断器。

根据国标要求,熔断器在正常工作条件下,无论是通过工作电流还是通过短路电流,其外观不能出现爆炸损坏。根据故障电容器柜现场检查情况,被保护的电容器没有出现故障,即熔断器下部没有出现短路。根据以上情况,判定熔断器存在质量缺陷,在运行中产生爆炸。熔断器爆炸后的飞溅物造成 10kV 母线三相短路故障。

主变情况分析:9AH 先跳之后主变差动才跳开主变高压侧断路器,或者差动保护动作令主变低压侧断路器先跳、高压侧断路器随后跳开,这两种情况都是可能的。但无论哪种情况,主变差动保护动作、主变高压侧 A 相电流较之另外两相持续时间较长、主变低压侧 A、C 相电流幅值大幅度减小,都明确指明变压器发生了内部故障;且变压器低压侧还有部分电流能够流出;轻重瓦斯也均无反应,结合过往大量类似变压器故障的实证剖析,可以断定:此时变压器所受损伤尚不算严重,损伤部位应限于 A 相绕组,还是能够修复的。

第一次故障总的结论:① 电容器柜故障及 9AH 拒动原因。熔断器存在质量缺陷,在运行中产生爆炸。熔断器爆炸后的飞溅物造成 10kV 母线三相短路故障。由于提供的分析材料不足,不能准确得出 9AH 拒动的真正原因。但 9AH 不论动作或拒动,基本对短路电流持续时间不产生影响,不构成对其他设备加重损坏的因素。② 主变情况分析。电容器故障后主变所受损伤还不算严重，损伤仅限于 A 相低压绕组，其故障是能够修复的。③ 电气二次相关设备。在 10kV 电容器柜由于熔管爆炸引发的三相短路事故中，由于有较大的外部冲击电流，造成了主变内部故障，主变差动保护与电容器速断保护动作正确。

（二）第一次强送失败过程分析

现象：运行人员在电容器第一次故障时，对变压器进行了外观检查后，对主变进行了第一次高压侧充电的操作，但充电未成功。变压器差动保护动作。

经有关短路电流的计算及核实，并根据供电局提供的线路微机电力故障录波监测装置录波图的相关信息证明，主变低压侧 A、C 相短路（高压侧 B、C 相幅值相位均相同，且与 A 相反相）；持续时间：三相电流持续约 70ms。发生差动保护装置动作。

本次差动保护的动作有一个特点，即差流与制动电流完全相同。而出现该特征只有一种可能性：变压器只有单侧电流。结合本次事故，就是变压器只有高压侧有电流，低压侧无电流流出。这也从另一个角度说明了在第一次故障后，运行人员确实拉开了主变低压侧断路器，即与第一次的故障点进行了隔离。

综上所述，本次空投主变的操作中，由于变压器内部在第一次外部故障的冲击中内部已发生故障，相当于变压器带故障充电，主变发生了低压侧 A、C 相短路故障，主变差动保护正确动作并切除故障。

从本次空投高压侧 A 相电流幅值约为 2300A（有效值）来分析，本次电流幅值已经明显高于前一次，这进一步证实在第一次事故过程中，变压器 A 相绕组已经发生部分线圈短路。

（三）第二次强送失败过程分析

运行人员在第一次对变压器充电后，未对变压器进行任何检查，又对主变进行了高压侧第二次充电的操作，断路器仍然跳开，充电未成功。

第二次强送过程主变情况及主要特征：本次故障过程主变包括电流幅值在内的各种情况、主要特征基本同第一次，但是因短路电流幅值加大，且 A 相线圈绕组结构已经失稳，短路电流产生的巨大电动力继续对变压器造成损伤。

（四）第三、四次强送失败过程分析：

运行人员在第二次对变压器强送失败后，未对变压器进行任何检查，又对主变进行了两次高压侧充电的操作，但 110kV 断路器均跳开，充电未成功。并使主变差动保护动作，发出轻瓦斯、重瓦斯信号。

第三、四次强送失败过程主要特征及主变情况：运行人员又对主变进行了两次高压侧充电的操作，保护感受到的电流值在第三次强送时也有明显增大，尤其 A 相电流有很大的突变，第三周波电流增至 3600A（有效值）。同时，主变轻瓦斯、重瓦斯信号均发出。主变无法经受强大的电动力的冲击，A 相高、低绕组迅速、彻底损坏。

（五）关于变压器损坏的结论意见

本次变压器损坏故障的诱发因素。10kV 电容器柜内 B 相熔断器发生爆炸，引发三相短路，产生短路冲击电流，而变压器没能经受住该电流产生的电动力，内部损坏；如果没有熔断器爆炸引发的三相短路，变压器仍可能在较长时间内保持正常功能，因此熔断器爆炸引发的三相短路是本次事故的直接诱发因素。当然，变压器如遇到其他类似的出口短路情况，一样会产生同样问题。因此，这只是外部诱因，不是本质问题。

该变压器承受短路的动稳定能力不足是本次变压器损坏的主要原因。

根据上述事故现象，结合电力系统过往大量类似变压器故障的实证剖析，可以断定，本事故变压器初始所受损伤尚不算严重，损伤部位应限于 A 相绕组，还是能够修复的（修复范围最大不会超过更换 A 相整相绕组）。

关键是运行单位未能遵守国家标准和行业规定，处置不当、错误操作，造成变压器损伤扩大。

三、残值确定

通过对事故变压器现场查勘确认，该事故变压器 A 相绕组损坏严重，多处发生熔断，已经严重烧毁，铁芯变形扭曲，B 相绕组变形、绝缘严重损坏，高压套管破裂，变压器已完全损坏，无修复价值，按报废处理。其残值只能按照废旧设备回收市场价格确认。

鉴定结论

陕西电力司法鉴定中心根据委托要求对此次事故正式出具了《司法鉴定意见书》，鉴定意见如下：

（1）本次事故的诱因是 10kV 电容器柜内 B 相熔断器因产品质量问题，在运行中发生爆炸，熔断器爆炸后的飞溅物造成 10kV 母线三相短路故障，产生短路冲击电流。

（2）变压器故障损坏的主要原因是承受短路的动稳定能力不足。（略）

（3）变压器故障损伤扩大的原因是运行单位未能遵守行业规定，处置不当、错误操作，导致变压器损伤扩大，最终无法修复。（略）

（4）9AH 断路器事故后处于合闸位置，由于提供的分析材料不足，不能准确得出 9AH 拒动的真正原因。（略）

（5）继电保护系统在事故及主变多次强送过程中动作均正确。

（6）涉案事故变压器的残值确定为 48 万元。

上述鉴定意见为司法审理事故案件提供了必要的意见和重要证据。

评　析

这是一起典型的电力生产设备事故，查找电力生产设备损坏原因，进行司法鉴定成为处理本事故的重要手段。

陕西电力司法鉴定中心对这起复杂的电力设备事故责任案件认真进行了现场勘验和调查，从技术层面进行了严谨细致的分析论证，得出以下六点鉴定意见即：① 本次事故的诱因是 10kV 电容器柜内 B 相熔断器因产品质量问题，在运行中发生爆炸，熔断器爆炸后的飞溅物造成 10kV 母线三相短路故障，产生短路冲击电流。② 变压器故障损坏的主要原因是承受短路的动稳定能力不足。③ 变压器故障损伤扩大的原因是运行单位未能遵守行业规定，处置不当、错误操作，导致变压器损伤扩大。④ 9AH 断路器事故后处于合闸位置。⑤ 继电保护系统在事故及主变多次强送过程中设备动作均正确。⑥ 涉案事故变压器全损，残值确定为 48 万元。

从以上司法鉴定结论可以看出，涉事的电力设备生产者、销售者以及电力生产企业均应当对本起电力生产事故承担相应的民事法律责任，均应当从以下几个方面汲取这起责任事故的经验教训：

第一，关于产品质量。在市场经济条件下，产品质量对于一个企业来讲，是增强企业竞争能力、保证市场占有份额、使企业可持续发展的根本保证。我国《产品质量法》规定，在中华人民共和国境内生产产品，产品的生产者首先要从源头上把好产品质量关，杜绝不合格产品冒充合格产品流向社会；其次是产品的生产者和销售者对所生产的产品质量终身承担法律责任，一旦发生因产品质量而引发责任事故，就必须承担相应的民事赔偿责任甚至刑事责任。产品的使用者也应当正确使用产品，避免不必要的产品责任事故发生。

第二，关于事故处置。从事故勘验事实可以清晰地看出，电力生产企业的运行人员的操作有明显失误。运行人员在未及时排除电容器事故故障的情况下，先后四次对主变进行了高压侧充电的操作，使电流值在强送时明显增大，尤其是 A 相电流有很大的突变，使变压器无法经受如此强大的电动力冲击，A 相高、低绕组迅速、彻底损坏，并累及其他绕组，最终造成变压器内部的整体毁坏。电力生产企业未能遵守行业规定，对事故处置不当、错误操作，导致变压器损伤扩大，最终无法修复，对此亦应承担相应的民事法律责任，以减轻产品的生产者、销售者因产品质量不合格而产生的产品质量民事法律责任。

第三，关于事故证据保全。证据保全是指在证据可能灭失或以后难以取得的情况下，采用一定的形式将证据固定下来，加以妥善保管，以供发生纠纷时当事人本人、委托代理人、司法人员认定案件事实时使用。本起事故进行司法鉴定时，由于当事人无法对 9AH 断路器事故提供充分可靠的分析材料，故司法鉴定机构不能准确分析判断出 9AH 拒动的真正原因。这对于客观、公正、全面地分析判断本案各方当事人在这起电力生产责任事故中的责任，并公平公正地区分各自应承担的民事赔偿责任也有一定的影响。各方当事人均应当引以为戒。

二、陕西省某变电站失压事故损失估值司法鉴定案

案　情

陕西某市煤矿采空区发生局部塌陷，造成某供电公司 110kV 变电站地基塌陷，致厂房、设备严重受损，两条线跳闸，110kV、35kV 变电站失压的重大事故。各方当事人因事故原因、事故责任、损失大小等发生纠纷，某省电力公司委托陕西电力司法鉴定中心对此次变电站失压事故受损情况进行司法鉴定。

鉴定经过

陕西电力司法鉴定中心接受委托后,指派司法鉴定人、司法鉴定技术专家、国家注册造价工程师组成鉴定小组赴事故发生地进行实地勘查,详细调查了解事故发生经过,分析事故发生原因及实际受损情况,主要做了以下 7 个方面的工作:

（1）拍摄相关损失录像、相片。

（2）去供电公司运维部门、固定资产管理部门、财务部调查,询问变电站运行情况。

（3）与检修人员、固定资产管理人员等座谈,调查了解案情。

（4）调取相关事故应急抢修、应急处置过渡供电、设备检测、调试、采空区勘测等实际发生的费用相关资料,以及变电站固定资产登记卡片等资料,对受损情况进行估算。

（5）调取变电站原始固定资产登记卡等资料,对变电站原始固定资产价值进行核算。

（6）国家注册造价工程师根据现场提取的资料,依据《电网检修工程预算编制与计算标准（试行）》、《电网技术改造工程预算编制与计算标准（试行）》、《工程调试定额》修订本、《工程勘察设计收费标准》修订本,对供电公司提供的毁损、抢修数据、资料进行了详细核查计算。

（7）司法鉴定人、国家注册造价工程师会同变压器、开关、继电保护等专业领域的专家进行会审,按照国家相关法律法规、预算编制与计算标准、定额标准等,对变电站应急抢修、采取临时措施恢复供电、设备检测、调试、采空区勘测的已发生各项费用,以及对将该变电站恢复到安全运行状态下的费用进行详细的审查、核算。最终得出 110kV 变电站失压事故损失估值。

鉴定分析

一、变电站受损情况

设备基础及厂房受损情况:变电站整体下沉塌陷,设备区 100m×100m 区域不均匀地基塌陷,塌陷最深处约为 20cm。110kV 8 台断路器、13 组隔离开关基础倾斜。设备区巡视道路三处鼓肚严重,电缆沟挤压变形。主变基础向东南角倾斜。35kV 高压室墙体扭曲外移约 0.5m，围墙倒塌约 15m。

设备受损情况：1100 母联断路器、LH 灭弧室断裂损坏；隔离开关无法合闸，间隔引线不同程度出现过紧或过松情况；1.2 号主变 10kV 侧套管将军帽受损，3 只套管底部破裂，主变漏油约 5t；10kV 3 只穿墙套管、6 只植株绝缘子拉裂；35kV 开关柜 4 组柜体变形，母线扭曲；流铁牵线路终端塔塔头左倾 10cm。

二、有关情况说明

两台主变损毁估值，需根据对两台主变进行鉴定实验的结论，再行确定：① 损毁估值按照两台主变固定资产余值计算；② 如需对两台主变进行返厂大修，则要根据返厂大修实际发生的费用据实计算。

本次司法鉴定，两台主变损毁估值暂按陕西省电力公司同类变压器返厂大修招标之中标价格均值进行核算。

鉴定结论

经陕西电力司法鉴定中心司法鉴定人、司法鉴定专家、国家注册造价工程师及变压器、开关、继电保护等专业领域专家进行会审，陕西电力司法鉴定中心出具了正式《司法鉴定意见书》，确认 110kV 变电站失压事故损失如下：

一、事故抢修发生的直接费用

（一）变电部分

110kV 事故损毁设备及连线、电缆拆除、更换设备恢复供电等 40.84 万元。

（二）线路部分

事故损毁线路、设施及附件、电缆拆除、恢复等 22.63 万元。

二、应急处置过渡供电发生的直接费用

（1）110kV 变电站 35kV 配电室大修 171.13 万元。

（2）35kV 线路检修 54.89 万元。

（3）35kV 线路改造临时供电。线路改造 19.7km，部分损坏铁塔导线拆除、更换、试验代供电 100.24 万元。

三、设备检测、调试、采空区勘测费用

（1）设备调试、检测试验费 50.12 万元。

（2）采空区勘测费 70.01 万元。

（3）变形观测、勘探技术咨询费 37.77 万元。

四、站内直接损失

站内设备、建筑物、构筑物直接损失 538.96 万元。

损失总计为：1086.59 万元。

评　析

这是一起因变电站地基塌陷造成变电站整体下沉，从而迫使变电站停运的重大电力生产事故司法鉴定案。

受损的 110kV 变电站投入运营时站内设备有主变 2 台，容量均为 50MVA，110kV 2 条出线，35kV 11 条出线，10kV 5 条出线，平均负荷约 2 万 kW。变电站总共带用户 12 户，其中 110kV 2 户，35kV 5 户，10kV 5 户，为 1 条铁路、12 座煤矿、1 座电厂提供电力服务。变电站发生地基塌陷事故后，变电站整体下沉，110kV 设备区主变基础发生倾斜，主变 10kV 侧套管受力破裂，漏油严重；1100 母联断路器灭弧室断裂、1100 电流互感器损坏；所有 110kV 间隔基础倾斜，Ⅱ 母隔离开关合不上，1124 流铁牵、110kV Ⅰ 母电压互感器 Ⅰ 母隔离开关合不上，间隔母线出现过紧或过松情况；主变 35kV 过桥引线变形拉直。35kV 设备区 35kV 高压室墙体扭曲位移，35kV 开关柜柜体变形，间隔母线扭曲，导致变电站被迫停运，中断所有用户供电，造成重大经济损失。

经陕西电力司法鉴定中心指派司法鉴定人、司法鉴定专家和国家注册造价工程师实地勘查事故现场，调取事故应急抢修、应急处置、设备检测调试、采空区勘测等实际发生费用相关资料，按照国家相关法律法规、预算编制与计算标准、定额标准，对应急抢修、采取临时措施恢复供电、设备检测、调试、采空区勘测等已发生的各项费用，以及该变电站恢复到安全运行状态下的费用进行了详细审查核算，并经变压器、开关、继电保护等专业领域的专家会审，最终确认 110kV 变电站失压事故损失总计为 1086.59 万元（其中包括事故抢修的直接费用 63.47 万元，应急处置过渡用电发生的直接费用 326.26 万元，设备检测、调试、采空区勘探费用 157.9 万元，站内直接损失 538.96 万元）。

纵观变电站塌陷事故，从法律层面有以下几个问题应当引起电力企业的高度关注：

第一，关于变电站的选址。变电站是电网中变换电压，汇集、分配电能的重要基础设施。随着国民经济的快速发展和人民生活水平的不断提高，人们对电力的需求量越来越大，从而使变电站的选址、建设、投运成为国民经济建设的重要组成部分。然而，变电站的选址和建设，必须符合电力系统整体发展规划和布局的要求，必须遵循电力建设对变电站选址、建设、投运的一般规律性要求，综合考虑变电站进出线路径、运输条件、周边环境、地质水文条件等。而发案的变电站整体处于煤矿密集区，采空影响突出，地形复杂，地质环境恶劣，说明变电站在选址时存在一定问题，给变电站的安全运行造成隐患。

第二，关于变电站的征地。根据《中华人民共和国电力法》《中华人民共和国土地管理法》的规定，在变电站动工建设之前，必须首先考虑电力建设项目所占用土地的合法取得和使用问题，应当依法办理土地征用手续。国民经济的快速发展和当地政府、企业对电力设施的迫切需求，都不能成为电力设施建设在没有取得合法土地使用权、没有办理好相关土地征用手续的情况下，盲目上马、先建设后办理手续的理由。从变电站的建站看，虽然具有国家电网的审批手续和省电力公司的投资计划，但未在当地政府办理正式的土地征用手续，发生变电站塌陷事故后，给政府协调处理、事件索赔和保险理赔均带来一定困难。

第三，关于塌陷损失估损。根据陕西电力司法鉴定中心《司法鉴定意见书》确认，110kV变电站失压事故所造成的直接经济损失为1086.59万元，其中包括：① 事故抢修发生的费用；② 应急处置过渡供电发生的费用；③ 设备检测、调试、采空区勘测费用；④ 站内设备、建筑物、构筑物直接损失的费用等。然而，应当说，变电站失压事故所造成的间接经济损失目前尚无法估算。比如说，① 变电站的塌陷事故是否还会继续扩大，会不会给变电站造成更大的经济损失；② 由于突然断电给铁路、煤矿、电厂等企业造成的直接经济损失是多少；③ 变电站后续抢修、非正常维护而产生的必要费用等。因此，电力事故的发生，会给国民经济和人民生活带来巨大的不利影响，电力企业应尽一切努力杜绝电力事故的发生。

三、山西省某环保建材有限公司尾气发电厂生产事故原因及责任司法鉴定案

案 情

山西省某环保建材有限公司尾气发电厂发生一起电力生产事故，起始为 2 号给水泵高压配电柜电缆头短路起火，随即发生一组干式限流电抗器短路爆炸，导致 2 号发电机组停运。事故过程中一台电抗器损毁。

环保建材有限公司自行委托陕西电力司法鉴定中心对其尾气发电厂电力生产事故原因及责任进行司法鉴定，同时要求对电抗器的质量和毁损的原因进行司法鉴定。

鉴定经过

陕西电力司法鉴定中心指派司法鉴定人和司法鉴定专家于前往委托方生产事故发生现场，在相关人员在场的情况下，开展了以下工作。

（1）对现场设备进行勘验。

（2）对故障现场进行勘查。

（3）查看现场故障录波仪，调取 2014 年 4 月 6 日事故当天相关参数波形记录，并进行分析。

（4）查看现场事故顺序记录仪（SOE）事故当天历史记录。

（5）对事故发生过程目击证人及操作值班人员进行询问。

（6）与委托方技术人员座谈。

（7）查阅委托方事故分析报告及相关会议纪要。

（8）多次召开鉴定组人员会议分析事故原因及电器设备毁损情况。

鉴定分析

一、给水泵高压配电柜电缆头短路为系统事故引发原因

经现场查看故障录波仪波形，分析电缆头短路事发的过程。得知发电厂 2 号给水泵高压配电柜出线电缆头 A 相发生单相间歇性弧光接地故障，A 相对地电压才基本稳定并降至接近 0 V。大约 10s 后，2 号给水泵高压配电柜出线

电缆头附近发生 C 相对地绝缘击穿，造成 AC 相接地短路。约 7ms 后 B 相对地绝缘击穿。至此，2 号给水泵高压配电柜出线电缆头附近发生了三相短路故障。由于上述间歇性单相弧光接地故障及随后的 2 号给水泵高压配电柜出线电缆头附近三相短路，致使 10kV 系统短路故障。

二、电缆头短路原因分析

经现场查勘，因生产需要，原短路烧毁电缆头已锯掉，配电柜改为旁边备用配电柜供电，事故现场已不存在，但根据委托方提供的事故现场照片和故障录波仪波形，可以分析电缆头短路故障原因。

根据《电气装置安装工程 电缆线路施工及验收规范》规定，"电缆的最小弯曲半径不应小于 10D（D 为电缆外径）"。从委托方提供的事故照片估算，事故电缆三岔口处弯曲半径远小于 10D，事故电缆绝缘长期经受弯曲应力，绝缘下降，导致（A 相）电缆在三岔口处击穿产生间歇性弧光接地，同时电弧高温烧蚀 C、B 两相电缆，在过电压和电弧作用下，C、B 两相先后发生故障，最终发生三相短路故障。

三、电抗器损坏过程分析

2 号给水泵高压配电柜 A 相间歇性弧光接地，导致随后的 A、B、C 三相短路，致使整个 10kV 系统短路故障。其间，限流电抗器 B 相和 C 相匝间短路导致匝间绝缘材料碳化、汽化并最终发展成 B、C 相间短路。

国家标准对限流电抗器和接到三相电力系统中性点的接地电抗器，其额定热短路电流有明确的技术要求和数值要求。

额定热短路电流 I_{scr} 的具体计算通常采用如下公式：

$$I_{scr} = I_k = \frac{100 I_N}{X\%} \text{A}$$

式中　I_k ——JB 629—1982 定义的短路电流（即为 GB/T 1094.6—2011 定义的额定热短路电流 I_{scr}）；

　　I_N ——额定电流，A；

　　$X\%$ ——绕组电抗百分值。

本次事故中，2 号限流电抗器额定电流 $I_N = 1500$A，绕组电抗百分值 $X\% = 10$。因此，2 号限流电抗器的额定热短路电流

$$I_{scr} = I_k = 100 \times 1500/10 = 15000 \text{（A）} = 15 \text{（kA）}；$$

额定机械短路电流 $I_{mscr} = 2.55I_{scr} = 38.25$（kA）。

本次事故中，2号限流电抗器应能承受15kA额定热短路电流，持续时间应不小于2s，不应发生机械结构损坏。而实际情况是，2号限流电抗器在12kA短路电流（或最大暂态峰值电流约30.6kA）作用下，大约50ms（根据故障录波器记录的波形图测得）B、C相匝间及相间弧光短路，自身损坏。

鉴定结论

经过鉴定人和专家努力，最终得出以下三项结论。

（1）给水泵高压配电柜电缆头短路为系统事故引发原因。

（2）电缆头短路故障的主要原因为：电缆终端的三相分支处（三岔口）弯曲半径过小，不符合国家标准。

（3）2号限流电抗器的损坏，是因产品自身性能不能满足国家标准。

评　析

这是一起正在运营的电力生产企业发生的电力生产责任安全事故司法鉴定案。

司法鉴定结论表明，该起电力生产事故发生的起因，首先是电力生产企业内部原因造成的，即在给水泵高压配电柜电缆线安装时，电缆终端预留线太长，强行弯曲各分支电缆终端支线，造成A相、C相电缆在三相分支处（三岔口）弯曲半径过小，不符合国家标准《电气装置安装工程　电缆线路施工及验收规范》（GB 50168—2006）第5.1.7条"电缆的最小弯曲半径不应小于10D（D为电缆外径）"的要求。由于电缆长时间过度弯曲，在弯曲应力作用下，电缆绝缘介质出现微小裂纹，裂纹在电场作用下产生游离使绝缘下降，最终导致电缆击穿及三相短路事故。其次这次电力生产事故发生的重要外部原因是电力变压器电抗器的质量不符合国家标准。根据国家标准，"限流电抗器应有足够的机械稳定性，应能承受当通过规定的短路电流所产生的机械力作用而无损伤或变形"。

无论是电力生产企业内部的原因，还是电力生产企业外部的原因，一旦发生电力生产安全事故，都会给电力生产企业造成巨大的经济损失，也会给人民群众生产生活以及生命财产安全造成重大影响。因此，作为电力生产企业应当从本案中汲取以下经验教训：

第一，电力生产企业在采购配套电力设施时应严把设备质量关。设备质量，是企业安全生产的重要前提之一，设备是否技术先进，能否顺利安装、正常可靠运转，是否符合国家标准，都是电力生产企业在采购设备时应当认真考察的事项。根据司法鉴定结论，此次电力生产事故发生的重要外部原因，就是所使用的电力设备电力变压器电抗器的质量不合格，不符合国家标准造成的，给电力生产安全造成了巨大隐患。

第二，电力生产企业在电力设备安装时应严格遵守国家标准。依据《中华人民共和国安全生产法》第三十三条❶的规定，安全设备的设计、制造、安装、使用、检测、维修、改造和报废，应当符合国家标准或者行业标准。而本案经过对事故现场勘查，发现电缆线敷设弯度不符合国家规定的标准过度弯曲，导致电缆线绝缘介质出现微小裂纹，裂纹在电场作用下产生游离使绝缘下降，加上电力变压器电抗器的质量不符合国家标准，二者叠加最终导致了此次重大电力安全生产事故的发生。

第三，电力生产企业要不断增强安全生产意识，防患于未然。电力作为国民经济发展的基础产业，已与社会经济发展、人民生活改善、构建和谐社会等息息相关。电力生产的内在特点组成了产、供、销统一的庞大的整体，任何一个环节发生事故，都可能带来连锁反应，造成人身伤亡、主设备损坏或大面积停电，甚至造成全网崩溃的灾难性事故。因此，电力生产的内在特点需要安全生产。如果发生电力生产事故、造成大面积停电，将会使电力生产和输配电处于混乱状态，将会给社会和人民生活秩序带来混乱，将会使各行各业的生产停顿或者瘫痪，造成极坏的政治影响和巨大的经济损失。因此，电力生产安全关系到国家人民生命财产安全，关系到人民群众的切身利益，关系到国民经济健康发展，其安全生产的重要作用和意义日益凸显。

电力生产企业要深刻认识加强安全生产的重要性和必要性，进一步规范生产经营行为，健全完善严格的安全生产规章制度，加强对生产现场监督检查，严格查处违章指挥、违规作业、违反劳动纪律的"三违"行为。开展经常性的

---

❶ 此案适用的是 2014 年修正的《中华人民共和国安全生产法》，现行的是 2021 年修正后的《中华人民共和国安全生产法》，对应的序号变更为第三十六条。

安全隐患排查，建立以安全生产专业人员为主导的安全隐患排查评价机制，强化生产过程中的领导管理责任，强化对职工的安全生产培训，严格考核，严肃追责，杜绝电力安全生产事故发生，防患于未然。

四、江西省某实业有限公司仓库起火与供电公司相序接反是否有因果关系司法鉴定案

案　情

江西省某供电公司在 10kV 溢城线路改造时将 A、C 两相相序接反，当晚 21 时 38 分，某实业有限公司仓库发生火灾，过火面积达 1279m²，造成物流仓库所在建筑部分烧毁，仓库内存放的饮料等物品部分烧毁，无人员伤亡。当地公安消防大队作出公消火认字〔2013〕3 号火灾事故认定书，认定起火部位位于该实业有限公司联宜运物流仓库顶西侧屋檐进线处，起火原因为联宜运物流仓库进户电气线路故障引燃周围可燃物引起火灾。

案件当事人对此不服，发生争议。为此某市中级人民法院出具鉴定委托书，委托陕西电力司法鉴定中心对其审理的原告某实业有限公司诉被告江西省某供电公司财产损害赔偿纠纷一案中被告方 10kV 输电线路改造时将相序接反与原告公司仓库电线起火引起火灾之间是否有因果关系进行司法鉴定。

鉴定经过

陕西电力司法鉴定中心接受委托后立即组成专家小组赴江西某实业有限公司发生火灾的仓库，在委托方及相关当事人员均在场的情况下，对火灾事故开展现场勘验和调查，主要工作过程如下：

（1）查看实业有限公司专用变压器（简称专变）设备情况。

（2）查看实业有限公司仓库进线断路器及东侧仓库屋檐下走线情况。

（3）查看实业有限公司仓库内漏电保护装置及电表情况。

（4）查看实业有限公司塑钢仓库内塑料门窗及三点焊接机情况。

（5）查阅当地公安机关"10·20"火灾现场勘验笔录、出具事故认定书。

（6）查阅某大学火灾物证司法鉴定中心技术鉴定报告。

（7）查阅某省电力科学研究院"10·20"物流仓库着火情况调查分析报告。

（8）与本案双方当事人及技术人员座谈。

（9）司法鉴定小组多次召开会议分析讨论案情，统一思想认识。

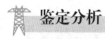 **鉴定分析**

一、事故现场情况

该实业有限公司由 10kV 输电线路的灯具厂支线供电，专变位于实业有限公司仓库大院外部围墙外北侧。大门东侧仓库坐东朝西，四间仓库由北向南分别为潮峰仓库、联谊运仓库、昌盛仓库、塑钢仓库，每个仓库内设置有小型办公室。大门西侧为值班室和办公室，值班室内安装了塑料外壳式进线断路器，断路器出线分两路，一路给西侧办公室供电，一路沿东侧屋檐给东侧的四个仓库供电，四个仓库均经过漏电保护开关给仓库内负荷供电，并安装了单独的电能表。塑钢仓库除照明负荷外，还有塑料门窗及三点焊接机两台、玻璃清洗干燥机一台。仓库所有负荷中，玻璃清洗干燥机为三相负荷，其余均为单相负荷。

二、事故过程分析

一般民用负荷，其用电回路接线为三相四线形式，三相为 A、B、C 三相，四线是指除 A、B、C 三相外，还有一相为零线，零线由配变低压侧中性点引出。单相负荷，其进线有两相，分别为火线和零线，火线接 A、B、C 中的任一相。

相接时要防止接错反向旋转和堵转，造成电流超过额定电流，引起电动机损坏或引起线路发热引发火灾。

江西省某供电公司对所辖 10kV 输电线路进行停电改造后恢复供电。输电线沿线负荷监测点在用电信息采集系统中的电压监测正常，三相分别为 236.3V、236.8V、237V。随后，某供电公司进行了核相试验，发现 A、C 相序接反。实业有限公司仓库发生火灾。

塑钢仓库进线为三相，仓库内除单相负荷外，还有一台东元实业有限公司生产的玻璃清洗干燥机（380V、50Hz、8kW），该设备为三相负荷。经调查，该设备内安装有 380V 交流接触器，作为设备电源控制开关。交流接触器利用其主接点来开闭电路，用辅助接点来执行启/停机指令。停电后，交流接触器依靠弹簧复位，断开主接点。恢复供电后，需人工按下启动按钮，通过交流接触器辅助接点控制主接点闭合供电。因此该设备在 10kV 输电线路恢复供电后，若要启动,需人工开启设备,否则设备处于停运状态。

据现场调查,当日 21 时恢复供电时,仓库工作人员已经下班,无人操作设备。玻璃清洗干燥机处于断电停运状态,干燥机中的电动机没有运行,相序接反不会导致玻璃清洗干燥机的电动机产生堵转、反转,不会引起过电流。

综上所述,10kV 输电线路相序接反不会影响到实业有限公司仓库的单相用电设备正常运行;实业有限公司仓库的三相用电设备在线路恢复供电时处于停运状态。

鉴定结论

(1)潮峰仓库、联谊运仓库、昌盛仓库进线为单相,负荷为单相负荷,10kV 输电线路相序接反不影响单相负荷的正常工作,不是火灾起因。

(2)塑钢仓库进线为三相,其三相负荷玻璃清洗干燥机的交流接触器在停电后会依靠弹簧复位,自动切除供电回路。恢复供电时,10kV 输电线路相序接反不会改变玻璃清洗干燥机的停运状态。

(3)10kV 输电线路改造时将相序接反与实业有限公司仓库电线起火引起火灾没有因果关系。

(4)220V 用户线路绝缘老化有可能引起 220V 绝缘击穿,造成线路短路,引燃可燃物引起火灾。

评　析

这是一起关于仓库起火原因是否与供电设施有关的司法鉴定案。

司法鉴定机构运用专门的科学技术知识对于仓库起火原因进行专业分析鉴定,提供给司法审判机关,必将直接影响到司法审判机关对当事人之间民事侵权责任的分析认定以及民事侵权赔偿责任的分担。因此,司法鉴定机构的鉴定结论意义重大。

本案的特殊性在于实业有限公司仓库发生火灾事故后,当地市公安消防大队依据现场勘验笔录、现场照片、相关人员的询问笔录、某大学火灾物证司法鉴定中心《技术鉴定报告》等证据材料,作出了《火灾事故认定书》,对该起火灾事故的起火点、起火原因认定为:"起火部位位于实业有限公司联宜运物流仓库顶西侧屋檐进线处,起火原因为联宜运物流仓库进户电气线路故障引燃周围可燃物引起火灾。"

　　当地某供电公司对公安消防大队《火灾事故认定书》不服，申请省电力科学研究院进行科学技术专业调查。省电力科学研究院受邀作出《实业有限公司4号物流仓库着火情况调查分析报告》，认定：① 线路相序接反会对三相电机运行造成影响，使三相电机在运行中发生堵转、反转现象，长时间会使三相电机烧毁。可以认为，2013年8月21日上午，实业有限公司龙门吊的三相电机在使用过程中发生损坏与10kV输电线号43杆A、C两相相序接反直接有关。② 4号仓库中没有三相用电设备，只有220V单相用电设备，10kV输电线路相序接反不会对供电线路和220V单相设备造成影响，所有单相设备均可正常工作。

　　实业有限公司依据当地公安消防大队的《火灾事故认定书》，起诉请求法院判令某供电公司对其4号仓库起火造成的经济损失承担民事赔偿责任。某供电公司依据省电力科学研究院关于实业有限公司 4 号物流仓库着火情况调查分析报告，认为火灾与10kV输电线路相序接反没有因果关系，其不应承担豪利公司4号物流仓库着火所造成的经济损失。

　　在此情况下陕西电力司法鉴定中心根据某市中级人民法院的委托，对本案进行了慎重的论证分析，最终作出的鉴定结论是："10kV溢城线路改造时将相序接反与实业有限公司仓库电线起火引起火灾没有因果关系；而是220V用户线路绝缘老化有可能引起绝缘击穿，造成线路短路，引燃可燃物引起火灾。"

　　作出上述鉴定结论，其主要法律依据和分析论证理由是：

　　第一，根据电工原理，单相负荷，其进线有两相，分别为火线和零线。相序接反并不影响单相负荷的正常运行。三相负荷，其进线为四相，分别为A、B、C三相和零线。相序接反发生电动机反转或堵转电流时间较长情况下长时间电动机过热可引发火灾。

　　第二，根据本案事实，实业有限公司仓库坐东朝西，四间仓库由北向南分别为潮峰仓库、联谊运仓库、昌盛仓库、塑钢仓库，四个仓库均经过漏电保护开关给仓库内负荷供电，并安装了单独的电能表。塑钢仓库除玻璃清洗干燥机为三相负荷外，其余均为单相负荷。某供电公司对10kV输电线路进行停电改造，恢复供电时仓库工作人员已经下班，无人用电和操作机器设备。根据电工原理，10kV 输电线路相序接反不会影响到实业有限公司仓库的单相用电设备正常运行，实业有限公司塑钢仓库的三相用电设备玻璃清洗干燥机处于断电停运状态，干燥机中的电动机没有运行，相序接反也不会导致玻璃清洗干燥机的电动机产生堵转、反转、过电流，也不会引发火灾。

第三，根据本次火灾起火部位，位于实业有限公司联谊运仓库顶西侧屋檐进线处。屋檐进线线路绝缘老化，引起 220V 绝缘击穿，造成线路短路，引燃可燃物引起火灾。

纵观本案，虽然鉴定结论认定"10kV 输电线路改造时将相序接反与实业有限公司仓库电线起火引起火灾没有因果关系"，但作为电力企业，应吸取经验教训，在进行 10kV 输电线路改造时要防止将相序接反，防范违反电力施工企业相关施工规范的行为。且根据案卷材料记载，被告某供电公司在进行 10kV 输电线路改造时将相序接反，火灾事故发生的次日上午，由同为实业专变供电的博升物资有限公司龙门电车三相电机在使用过程中发生故障，博升物资有限公司将电机损坏情况反映到实业有限公司，实业有限公司检查线路时发现，开关移位检修时将 10kV 输电线号 43 杆 A、C 两相相序接反，认可相序接反是造成龙门吊三相电机损坏的直接原因。在此情况下，实业有限公司事后认为仓库起火也是由于 10kV 输电线号 43 杆后段线路相序接反引起，从而向人民法院提起民事侵权损害赔偿诉讼。

五、陕西省某县农业机械管理站 1·25 火灾事故中致"电线过电流"原因司法鉴定案

案　情

陕西省某县农业机械管理站 2 号楼 3 层 301 室发生火灾，李某不幸在火灾事故中死亡，家中部分财产被烧毁。县公安消防大队经过调查，下达了火灾事故认定书，之后又下达了火灾事故重新认定书，认定了火灾起火时间；起火部位位于客厅内，原因为电线过电流引起火灾。据此，李某家属把供电分公司作为被告起诉于人民法院，请求赔偿。

由于案件审理中双方争议较大，市中级人民法院委托陕西电力司法鉴定中

心对此次火灾事故中导致"电线过电流"的原因进行司法技术检测鉴定。

鉴定经过

承担此案的司法鉴定人、司法鉴定专家在委托方和双方当事人及其委托代理人均在场的情况下，在事发地开展了现场勘验和调查，主要过程如下：

（1）对发生火灾的住宅楼供电计量箱进行勘验。

（2）对 301 室火灾后的情况进行现场勘验。

（3）召开座谈会，听取案件当事人陈述，详细了解火灾发生经过。

（4）查阅县公安消防队《火灾现场勘验笔录》《火灾事故认定书》《火灾事故重新认定书》。

（5）查阅县公安局询问笔录，调查走访笔录。

（6）召开司法鉴定人员会议，分析讨论案情。

鉴定分析

一、事故过程

陕西某县农业机械管理站 2 号楼 301 室李某家发生火灾，火灾中该室客厅物品全部烧毁，阳台部分物品烧毁，室内走道吊顶高温烘烤塌落，其他房间未被烧，烟熏严重；火灾烧毁客厅内电冰箱、空调、电视机、沙发、桌式电暖气、电视柜等物品，李某不幸在火灾中身亡。县公安消防大队接警后及时出警灭火，事后调查认定火灾起火部位位于该室客厅内，起火点位于客厅东墙边放置的单人沙发与东南墙角放置的电冰箱之间处；起火原因为电线过流引起火灾。

二、事故现场情况

事故现场位于县农业机械管理站 2 号楼 301 室。由于火灾过火严重，且室外用于给该室供电的计量箱内导线因绝缘破坏和消防调查取证已被更换，该室电源进线空气开关也已由消防单位取证拆除。现场电器因过火完全丧失功能，甚至改变了原有材料特性，面目全非，无法开展电参数测试。

鉴于以上情况，本案鉴定工作采取科学的排除法和依据火灾之后现有条件及消防单位、公安机关进行的试验、走访等情况，确定导线过流原因。

三、该室电源进线断路器勘验分析

县农业机械管理站 2 号楼 301 室用电由某电力（集团）公司供电分公司提供，为单相 220V 电压等级电源；电源进户线在该室客厅南面墙外装有总电源断路器，其型号规格为 DZ47－60C60，经查为某集团有限公司生产的适用于普通照明用电的微型断路器，该断路器额定电流 60A，其工作特性按照该产品的国家标准 GB/T 10963.1—2005《电气附件　家用及类似场所用过电流保护断路器　第 1 部分：用于交流的断路器》的规定，其在额定电流 1.13 倍时，正常工作 1h 内不脱扣（即不跳闸）；其在额定电流 1.45 倍时，工作 1h 内要求脱扣（即跳闸）。由此可见，经过该断路器供电的该户居民，其电路总电流即使达到 67.8A（1.13 倍额定电流），也会正常工作 1h 不跳闸；电路总电流达到 87A（1.45 倍额定电流），断路器会在 1h 内跳闸，切断电源供电。断路器的这些功能特征也通过消防单位对其进行的试验结果得以印证：当出线侧完全短路时，经过断路器的电流很大，可以肯定远超过 87A，且是持续稳定的，也就导致其快速跳闸；而将出线相线和零线瞬间碰触，由于短路电流虽然可能超过 87A，但其作用时间太短，属于冲击性过电流，断路器不跳闸，起不到保护作用。由此可以排除家庭电线出现的过电流是相线和零线完全短路造成。

四、该室供电电源勘验分析

该室无接地保护接线，供电企业未向该户提供接地保护接线端子，该户自身也未采取漏电流保护接地，且未加装漏电流保护装置；当发生用电器漏电情况时，除了电源断路器外无任何自动切断电源供电的装置，而断路器又无法自动快速切断小于 67.8A 电流的过流电路。另经查，6mm² 单芯铜质导线在 25℃允许的正常载流量为 41A，2.5mm² 单芯铜质导线在 25℃允许的正常载流量为 24A。当实际发生超过相应导线正常载流量的过电流时，导线自身必然发生过热，进一步加剧导线电阻阻值增大，电阻的增加又会加剧过热，形成恶性循环，为引发火灾创造条件。

五、该户当晚用电及供电系统情况分析

经调查、走访，供电企业供电无中断，其间电源正常。如果供电系统有系统性供电电压越级，例如，变压器进线额定电压为 10kV，如果越级成为 35kV（中间无别的电压等级），则出线侧电压也将升高 3.5 倍，由单相 220V 升高到

770V，这样高的电压照明用灯具以及其他额定电压为 220V 的家用电器将在瞬间烧毁，不可能长时间运行；如果台区变压器进线额定电压正常，变压器又未更换也无证据证明其故障，那么要出现高电压损毁居民电器乃至引发火灾就只能发生在台区变压器出线侧，也就是用电线路侧，而且这种现象要发生就只能是某相电压因为零线带电而使单相 220V 电压升高到线间电压 380V 和用户出现单相电由 220V 降低到 0V 的现象。台区断线点、搭接点之后的用户均出现用电异常，一部分用户电器烧毁，一部分用户电器无电不工作。这种现象影响广泛，也容易暴露，不可能长时间存在。

那么如何解释有人发现当晚照明灯具更亮和电暖炉感觉更暖的现象呢？电力系统供电有一种空载长线电容效应（费兰梯效应），即在工频电源作用下，由于远距离空载或轻负载线路电容效应的积累，使沿线电压分布不等，末端电压最高。这也符合停电后在冬季晚间恢复供电，部分人员日常使用的电器因为没有及时全部用电，导致整个线路负载较平常要低，线路电压就会较高，但这属于正常的电压波动，这时使用电器的用户直观会发现灯光更亮，取暖的电暖气会感觉更热，但不会造成灯具烧毁和电线过电流发生火灾。按照国标《电能质量 供电电压偏差》对电能质量供电电压允许偏差的规定，220V 单相电压偏差的限值是 +7%、-10%，换算后就是不高于 235.4V、不低于 198V，在这之间均属于正常电压。

六、该户计量箱接线分析

表箱内四只电能表其相线进线侧分别有电源相线正常引入，其零线却是由各电能表首尾串接，最后引出接向供电系统零线，形成回路。

当县农业机械管理站 2 号楼 301 室发生火灾时，其电器电源导线绝缘层因为过热而发生破坏，相线与零线时而短接时而断开；当相线与零线短接时，三相四线供电的电力系统中其他两相与零线之间就形成 380V 线电压，给接于这两相的、额定电压为 220V 的家用电器造成过电压导致被烧毁。这种情况印证了火灾后部分使用电器的居民户有电器损坏的现象。

鉴定结论

县农业机械管理站 2 号楼 301 室电线过电流引发火灾，其电线过流非供电企业电力供应造成，不排除电线绝缘局部损伤导致短路或家用电器绝缘老化泄漏电流突然增大导致过电流,并可以确定电线过电流未在较长时间超过家用微型断路器脱扣电流值,即87A。

评　析

这是一起发生在居民住宅楼内的火灾事故起火原因司法鉴定案。

由于火灾事故发生在凌晨0时30分许,火灾事故共造成一名当事人死亡以及家中电冰箱、空调、电视机、沙发、电视柜等财物被烧毁的重大人身财产损失。火灾事故发生后,县公安消防大队经过现场勘验先后作出两份《火灾事故认定书》,对引发火灾的原因做了表述。第一份认定,"起火原因可以排除纵火、雷击、生活用火、自燃等原因,不能排除电气、吸烟不慎引起火灾的可能"。在案件审理中公安消防大队又出具了《火灾事故重新认定书》认定,"火灾起火时间为凌晨0时30分许;起火部位位于该室客厅内;起火点位于客厅东墙边放置的单人沙发与东南墙角放置的电冰箱之间;起火原因为电线过流引起火灾"。随后,死者家属将某电力(集团)公司供电分公司起诉于县人民法院,请求判令被告赔偿其财产损失、死亡赔偿金、丧葬费、被扶养人生活费、精神抚慰金、房屋租赁费等。

供电分公司认为,火灾发生后,应县公安局消防大队通知,双方当事人均派员到火灾现场,与消防人员共同对现场进行了勘验调查,已查明引发火灾的主要原因是原告家中取暖桌长时间使用导致电线过流、短路连线、取暖桌燃烧引起的;其次是原告家的室内室外电线老化、不能正常负荷低压电流所致。

根据县公安消防大队作出的《火灾现场勘验笔录》记载,死者李某家3层楼梯平台北墙上装有1铁质电表箱,箱体长0.383m、高0.422m、宽0.118m,距地面1.36m,引入表箱的电源线和PVC套管、引出表箱到各户的电源线和PVC套管完好,表箱内引入李某家电表的两根电源线绝缘层烧毁,部分线芯裸露,箱体内有轻微烟熏痕迹。另据《室内专项勘验笔录》记载,室内电视机、空调、电冰箱、电暖气等电气设备的电源线插座孔洞内的电线绝缘层均烧毁,线芯裸露,但线体及插孔片未见异常痕迹。

由于火灾过火严重,且室外用于给该室供电的计量箱内导线因绝缘破坏和消防调查取证已被更换,该室电源进线空气开关也已由消防单位取证拆除,现场电器因过火完全丧失功能,甚至改变了原有材料特性,面目全非,无法开展电参数测试。因此，只能依据火灾后的现有条件、运用电力科学专业知识以及公安消防部门调取的证据，综合分析判断导线过流原因。

通过对该室电源进线断路器、供电电源、计量箱接线以及该户当晚用电及供电系统情况的综合勘验分析，陕西电力司法鉴定中心最后的鉴定意见是，县农业机械管理站 2 号楼 301 室电线过电流引发火灾，其电线过流非供电企业电力供应造成，不排除电线绝缘局部损伤导致短路或家用电器绝缘老化泄漏电流突然增大导致过流，并可以确定电线过流未在较长时间超过家用微型断路器脱扣电流值，即 87A。

本案还有一个问题应引起供电企业和用电户关注。根据《供电营业规则》规定："供电设施的运行维护管理范围，按产权归属确定。责任分界点按下列各项确定：1. 公用低压线路供电的，以供电接户线用户端最后支持物为分界点，支持物属供电企业。……5. 产权属于用户且由用户运行维护的线路，以公用线路分支杆或专用线接引的公用变电站外第一基电杆为分界点，专用线路第一基电杆属用户。"根据这一规定，供电接户线用户端最后支持物以外的线路属于供电企业所有产权和管理维护；供电接户线用户端最后支持物以内的线路（包括电表箱）属于用户所有产权和管理维护。因此，如因供电接户线用户端最后支持物以外的供电线路发生"电线过流"导致火灾损失，则供电企业就有不可推卸的责任。如果由于供电接户线用户端最后支持物以内的供电线路（包括电能表及室内外线路）发生"电线过流"导致火灾损失，则属于用户方的责任。

六、云南省某自治县山林火灾起火原因司法鉴定案

案　情

云南省某自治县突发山林大火，村民李某、马某等向公安机关报案称，看到山上铁塔发出像电焊一样的光和大火球，铁塔下面树林冒烟起火，大火将该山附近村民种植的橡胶树、柚木树等山林烧毁，次日 16 时左右山火才被扑灭。受灾村民及村委会作为原告向该自治县人民法院提起民事诉讼，要求县供电局等被告赔偿其经济损失。

该自治县人民法院出具委托鉴定函，委托陕西电力司法鉴定中心就涉

案的山林大火是否由县供电局所属 220kV 高压输电线路放电引起进行司法鉴定。

鉴定经过

根据某自治县人民法院委托的司法鉴定事项，陕西电力司法鉴定中心专家于 2016 年 4 月 25 日到达起火现场，在委托方及相关当事人员在场的情况下，开展现场勘验和调查，主要过程如下：

（1）对火灾现场及涉案输电线路杆塔进行勘验。

（2）实地查看山火现场，并对起火点进行辨认。

（3）向涉案的有关单位及人员了解事故经过。

（4）查看当事人提供的山火起火相关资料、照片。

（5）查阅当地公安机关关于"2013.04.02"火灾一案询问笔录、初查报告、现场勘验笔录及照片。

（6）查阅县林业局关于火灾起火原因调查报告。

（7）查看县气象局相关气象资料。

（8）查看 220kV 输变电工程相关技术资料。

（9）多次召开司法鉴定人员案情分析讨论会，统一思想认识。

鉴定分析

一、火灾现场勘查情况

云南某自治县发生山林火灾，通过调阅相关资料、现场勘查和相关询问，经过双方当事人确认，此次起火地点位于贺海大山，目击证人发现火情时间约为 16—17 时。卫星地图照片显示，220kV 输电线穿越山区上部。

二、案发当天气候条件

根据县气象局提供的资料，火灾当天，该县域无降雨，森林火险等级 3 级，较易引起火灾。根据某供电局提供的雷电定位系统数据显示，线路沿线无落雷。

三、火灾与某供电局所属 220kV 输电线相关性原因分析

（一）供电局所属 220kV 输电线情况说明

涉案该段线路（311—315 号杆塔）建成竣工验收后，按照省电力建设有限公司编制的 A 地区某 220kV 输变电工程新设备现场投运方案，进行 A 地区

某 220kV 输变电工程现场投运。根据投运当日电网调控中心发令电话录音，供电局所属 220kV 输电线三次带电。

（二）山火过程及现场勘查记录

据县公安局的询问笔录记载，询问现场目击证人李某等陈述，火灾当日 16 时许，均听到或看到某供电局所属 220kV 输电线 313 号铁塔发出像电焊一样的光和大火球，铁塔下面树林冒烟。李某、马某，向有关部门三次报警（警方查阅通话记录确认）。以上三次报警电话均无电话录音。

根据县森林公安局刑事侦查中队进行的现场勘查笔录，现场范围内伐倒树木六株，自西向东编为 1～6 号伐桩。1 号伐桩树干顶部有烧灼痕迹，呈黑色，灼烧部位不规则分布于树梢部分树枝上，灼烧点被烧焦炭化。1 号伐桩正北方向上方的输电线路有破损，绞于钢芯外的铝线断裂，断口呈高温熔断状。2 号、3 号和 4 号伐桩均为刀斧工具作业遗留痕迹，经检查树干及树梢没有燃烧痕迹。5 号伐桩在 2 号伐桩正西 27.3m，树枝顶部有明显燃烧痕迹，燃烧点被烧焦炭化，呈黑色。6 号伐桩未提及是否有燃烧痕迹。1 号伐桩东侧 11.4m 处，输电线路下方有一竹蓬，其中一棵竹子顶部被烧焦，自顶部而下 4.8m 已干枯呈枯黄状，根部至枯黄部位未干枯呈绿色，竹子长度为 15.1m。经县森林公安局现场勘验，发现只在供电局所属 220kV 输电线 57 号（运行号 313 号）铁塔周边进行了地面附着物清理（砍伐高大树木），其他区域未发现清理痕迹。

（三）火灾与供电局所属 220kV 输电线相关性原因分析

第一，根据《电力设施保护条例实施细则》规定，220kV 架空电力线路导线在最大弧垂或最大风偏后与树木之间的安全距离为 4m。此距离的确定是根据线路经过地区的 30 年一遇的最严酷气象条件，基本风速 23.5m/s，覆冰厚度 20mm，海拔 1000m 及以下，导线运行温度 50℃等条件，导线最大弧垂按照导线温度 80℃计算，同时考虑电磁环境指标及工频过电压、操作过电压及雷电过电压确定的最大间隙距离。

山火当日天气晴好，风力 4.8m/s，为三级和风。按照相关技术理论，考虑最严重的极不均匀电场，在标准大气状态下（压力 $p=760$mm 汞柱，温度 20℃，绝对湿度 $h=11$g/m^3）时，由空气工频击穿电压曲线查得的 25cm 工频击穿电压为 110kV（有效值），50cm 工频击穿电压为 200kV（有效值），击穿电压场强最小约为 3.35kV/cm。220kV 输电线路的最高运行相电压为 146kV，临南线

313 号杆塔海拔 921m（谷歌地球数据），根据 GB/T 311.1—2012《绝缘配合　第1 部分：定义、原则和规则》规定，海拔低于海拔 1000m，绝缘强度不需要修正。考虑当时起火的气候条件，同时又是采用最高运行电压 146kV 估算击穿距离，运行线路与树木工频击穿电压间隙距离应不大于 43.58cm。

第二，根据供电局提供的 A 地区某 220kV 输变电工程投产过程（中调记录），15:00 退出供电局所属 220kV 输电线两侧断路器重合闸，15:10—15:20分别投入供电局所属 220kV 输电线两端开关充电保护。

第三，根据县森林公安局刑事侦查中队的现场勘查笔录可知，线路下方的1 号伐桩树梢有灼烧，树干未发现灼烧痕迹，树桩地面也无任何过火痕迹。

第四，根据现场勘查，证明在 1 号树桩上方发现的线路铝线断裂呈高温熔融状态，不是线路放电后的痕迹。

（四）砍伐树木原因分析

山火发生后，因线路实际所属单位县供电局发现 312 号塔旁边有树木与导线间距离不满足要求，线路不具备再次带电条件，施工单位某送变电公司接到供电局通知后，未考虑保护山火第一现场，擅自将 312～313 号塔周边的 6 棵树全部砍伐，以满足线路带电条件，达到完工验收的目的。

某送变电公司在供电局所属 220kV 输电线施工及线路验收过程中，不严格执行《电力设施保护条例实施细则》及 GB 50233—2014《110～750kV 架空输电线路施工及验收规范》中关于导线与树木之间安全距离的要求，山火发生后，又为了逃避在线路施工中的责任，砍伐了 6 棵树，给山火原因的调查和分析带来了较大的影响。

鉴定结论

县供电局所属 220kV 输电线在贺海大山发生山火时未发生放电，山火起火原因非县供电局所属 220kV 输电线发生放电引起。

评析

这是一起森林火灾起火原因司法鉴定案。

森林火灾是一种突发性、破坏性极强的灾害，除雷电、火山爆发、地震等自然原因引发的森林火灾外，人为因素引发的森林火灾已占森林火灾的绝大多数。据相关部门调查，世界上 90% 以上的火灾是人为引发的；而在我国，人为因素引发的森林火灾已占 98% 以上。在人为因素引起的森林火灾中，除主观故意纵火外，过失引起火灾的主要原因来自于不慎和违章。对于森林火灾来说，迅速查明起火原因，是客观、公正地处理森林火灾事故的重要前提。但森林火灾发生后，受天气条件和地理环境的影响，要想及时全面地收集引起火灾的证据，尤其是中心火场的证据，存在许多困难。特别是在森林火灾发生后的救火过程中，往往会破坏火灾原始现场，从而给收集火灾起火原因等方面的证据带来更大的难度。

云南某自治县发生的这起森林火灾，各方当事人争议的主要焦点是：森林火灾的起火原因，是否由供电局所属 220kV 高压输电线路放电引起。通过调阅相关资料、现场勘查和询问，并经过各方当事人确认，此次森林火灾的起火地点位于大山，目击证人报告发现火情的时间为 16—17 时左右，供电局所属 220kV 高压输电线穿越该山区上部。根据县公安局关于山火一案初查报告记载，目击证人李某等人陈述，火灾现场勘查及各有关方面提供的信息，陕西电力司法鉴定中心作出如下分析意见：

（1）根据《电力设施保护条例实施细则》第十六条第四款规定，"架空电力线路导线在最大弧垂或最大风偏后与树木之间的安全距离为：电压等级为 154～220 千伏的，最大风偏距离为 4.0 米，最大垂直距离为 4.5 米。"供电局提供的当时线树实际距离为 4m。但山火当日天气晴好，风力 4.8m/s，为三级和风，不会发生 220kV 输电线路对树木放电的情况。

（2）根据供电局提供的山火当日录波图，供电局所属 220kV 输电线电流正常，与线路相连接的两侧变电站母线电压电流也正常。根据某供电局提供的投运电话录音，线路投运过程正常。

（3）根据县森林公安局刑事侦查中队的现场勘查笔录，线路下方的 1 号伐桩树梢有灼烧，灼烧点被烧焦炭化，树干未发现灼烧痕迹，树桩地面也无任何过火痕迹。

（4）根据现场勘查在 1 号树桩上方发现的线路铝线断裂呈高温熔融状态，也不是线路放电后的痕迹。

因此，最终司法鉴定结论是：供电局所属 220kV 输电线在大山发生山火时未发生放电，山火起火原因非供电局所属 220kV 输电线线路发生放电所引起。

　　本案应当汲取的经验教训是，送变电公司在供电局所属 220kV 输电线施工及线路验收过程中，未严格执行《电力设施保护条例实施细则》及 GB 50233—2014《110～750kV 架空输电线路施工及验收规范》中关于导线与树木之间安全距离的要求，在森林火灾发生后，不注意对火灾现场证据的提取和保护，未经允许擅自砍伐了火灾现场 6 棵树木，人为地破坏了火灾现场，给火灾起火原因的调查和分析带来了极大的负面影响，这些都应当在今后的工作过程中严加防范和杜绝。

　　另据新闻媒体报道，近年来发生在××省境内的森林火灾事故频发，且大多是人为因素引发。有的森林火灾，是由于被告人上坟祭奠亡故的亲属，焚烧冥纸不慎引发了山火，致使该地区一带发生森林火灾，有的火灾现场过火林地面积大，过火区域直接经济损失巨大。因扑救森林火灾支付的工程机械费、车辆运输费、误工费等间接经济损失巨大，林地遭破坏、数以万计林木被毁，给国家、集体和人民群众造成了不可挽回的经济损失。

第二章

电能计量及窃电性质认定
司法鉴定案例

一、陕西省某市公安局请求对窃电数额计算方法及依据进行司法鉴定案

案 情

犯罪嫌疑人赵某、石某以每天（次）170 元的报酬雇佣某炼钢厂电工孙某，并指使孙某私自从公网 10kV 高压线杆上接线，引入其钢厂内已被供电部门报停的 315kVA 变压器上，并擅自切断变压器上用于计量的三相互感器的二次线，在电能表不计量的情况下非法窃电进行炼钢。经供电公司核算，其累计窃电量为 688956kWh，造成经济损失 45 万余元。省电力执法人员请求并配合公安机关依法追究了当事人的刑事责任，追缴电费、违约金，合计 1306245.06 元，为国家挽回经济损失。为了公平、公正、依法、细致地处理此案，市公安局刑事侦查局委托陕西电力司法鉴定中心对犯罪嫌疑人赵某、石某、孙某涉嫌盗窃一案中窃电数额的计算方法及依据进行司法鉴定。

鉴定经过

陕西电力司法鉴定中心接受委托后，鉴定人员、专家依据公安机关提供的犯罪嫌疑人询问笔录、现场勘查检验记录及照片、省电力执法单位现场检查记录及照片、供电部门提供的行政机关规范性文件等材料对涉案窃电数额的计算依据和计算方法进行了司法鉴定。

鉴定分析

一、实际窃电天数的确定

由于犯罪嫌疑人并不能肯定供述窃电开始和终止的确切时间，司法鉴定人依据犯罪嫌疑人赵某在公安机关的供述，把私有三根线挂在高压线杆上开始偷炼地条钢的时间，作为窃电的开始时间，又依据省电力执法报告中描述，从接到举报，公安机关扣押嫌疑人的时间作为窃取电量的终结时间，共计 10 个月零 9 天。这个时间段和市公安局起诉意见书中提及的时间段相吻合，扣除犯罪嫌疑人停工停产的时间（天气太热工厂无法开工停了 2 个月，过年停了 1 个月，每个月大约工作 20 天），将实际窃电时间认定为：

$$10（个月）－3（个月）=7（个月）$$

每个月工作 20 天：

$$7（个月）\times 20（天）=140（天）$$

2014 年 4 月还有 9 天，共计：

$$140（天）+9（天）=149（天）$$

故实际窃电时间应认定为 149 天。

二、每天窃电时间的确定

依据犯罪嫌疑人赵某的询问笔录："每天晚上 7—8 点我把电线挂到高压线上，晚上生产，到第二天早上 7—8 点把线取下来"的描述，可以确定每天实际窃电时间实际为 12 个小时。犯罪嫌疑人孙某的供词也证实了此结论。

三、基本电费的确定

依据《关于规范电能交易价格的通知》《关于贯彻国家计委调整陕西电网电力价格有关问题的通知》以及《销售电价管理暂行办法》中关于基本电费的收取标准中的规定，确定基本电费按照变压器容量计算，收取标准为 24 元/kWh。

四、变压器容量的确定

根据移送的变压器铭牌照片，确定变压器的容量为 315kVA。

五、费率时段的确定

依据陕西省物价主管部门和陕西省电力主管部门联合颁发的《陕西电网峰谷分时电价实施暂行办法》的通知划分峰谷时段和费率时段。

六、费率电价的确认

依据陕西省物价主管部门和陕西省电力主管部门联合颁发的《陕西电网峰谷分时电价实施暂行办法》有关峰谷分时电价适用范围的规定，犯罪嫌疑人需电量电费应按照峰谷分时电价办法执行，按照电网峰谷分时销售电价表中关于大工业生产用电的规定：确定 1～10kV 用户，高峰电价为 0.9329 元/kWh；平段电价为 0.5881 元/kWh；谷段电价为 0.2433 元/kWh。

七、变压器变损的确定

依据供电公司提供的"计算机截屏数据"和"关于变压器损耗的说明"两份材料，对于 315kVA 的变压器每个月的有功损耗确认为 1428kWh/月。

八、违约电费倍率的确认

依据《供电营业规则》，窃电者应按所窃电量补交电费，拒绝承担窃电责任的，供电企业应报请电力管理部门依法处理。窃电数额较大或情节严重的，供电企业应提请司法机关依法追究刑事责任，依法认定此案窃电人承担补交电费三倍的违约使用电费。

九、两部制电价用户的确认

依据陕西省物价主管部门和陕西省电力主管部门联合发文规定，"凡以电为原动力，电冶炼、烘焙、熔焊、电解、电化的一切工业生产，受电变压器总容量在 315 千伏安及以上者"，属于大工业用电实行两部制电价用户，计算电费应遵守两部制电价用户的政策。

十、电费计算方法依据的确认

大工业电价用户电价由基本电价、电度电价和力率调整电费三部分构成。基本电价是指按用户用电容量计算的电价，计算电费时按用电容量乘以基本电价，即：基本电价＝用电容量×基本电价；电度电价是指按用户用电度数计算的电价，计算电费时按电量乘以电度电价，即：电度电价＝电度电量×电量电价；力率调整电费是指根据用户力率水平的高低减收或增收的电费，由于犯罪嫌疑人的电能表不计量，无法确定功率因数，故力率调整电费不计算。所以计算电量只包括基本电价和电度电价两部分。

由于犯罪嫌疑人将电能表互感器二次回路断开，导致电能表不计量，故计算时不涉及电能表显示电量、电压电流互感器本体误差。

十一、基本电费计算

基本电量按月收取，每个月为 24 元/kVA，由于只有在用电时才会收取基本电费，所以实际使用变压器月数折算为：

$$149（天）÷30（天/月）≈5（个月）$$

基本电费计算公式为：

$$基本电费＝用电容量×基本电价×实际使用月数$$
$$＝315（kVA）×24（元/kVA）×5$$
$$＝37800（元）\qquad（式1）$$

十二、实际窃电量计算

根据《陕西省电力设施和电能保护条例》的规定，窃电量的计算是："按照所接设备的额定容量乘以实际窃电时间计算"。故本案实际窃电量计算方法如下：

变压器容量为：315kVA；

实际窃电时间为：149（天）×12（h/天）＝1788h

$$实际窃电量＝变压器容量×实际窃电时间$$
$$＝315（kVA）×1788（h）$$
$$＝563220（kWh）\qquad（式2）$$

十三、变压器损耗电量计算

犯罪嫌疑人的计量方式为高供低计，还应计算变压器空载损耗的电量，按照 SG186 的规定：变压器每个月损耗为 1428kWh/月，由于只有在用电时才会产生变压器的损耗，并且变压器的损耗是按月收取，所以实际使用变压器月数折算为：149（天）÷30（天/月）≈5（个月），计算公式为：

$$变压器损耗电量＝变压器每个月损耗×实际用电月数$$
$$＝1428（kWh/月）×5（月）$$
$$＝7140（kWh）\qquad（式3）$$

十四、补交电费总计计算

补交电量应为实际使用计算电量和变压器损耗电量之和，即：

$$补交的电量＝实际窃电量＋变压器损耗电量$$
$$＝563220（kWh）＋7140（kWh）$$
$$＝570360（kWh）\qquad（式4）$$

依据《陕西省电力设施和电能保护条例》释义中关于分时电价的阐述："窃取分时段电价的，按照销售目录电价的平段价格计算"；

所以，实际窃电电费＝补交电量×平时段的电价

$$＝570360（kWh）×0.5881（元/kWh）$$

$$＝335428.72（元）\qquad（式5）$$

综上所述：补交电费总计应包含两部分：基本电费和实际窃电电费，即：

补交电费总计＝基本电费＋实际窃电电费

$$＝37800（元）＋335428.72（元）$$

$$＝373228.72（元）\qquad（式6）$$

十五、违约使用电费计算

根据《供电营业规则》的规定：窃电者应按所窃电量补交电费，并承担补交电费三倍的违约使用电费。即：

$$373228.72（元）×3＝1119686.16（元）\qquad（式7）$$

鉴定结论

应追补电费的电量：570360（kWh）

基本电费：37800（元）

实际窃电电费：335428.72（元）

补交电费总计：373228.72（元）

违约使用电费总计：1119686.16（元）

应交电费共计：1492914.88（元）

评　析

这是一起私人企业在供电设施上擅自接线窃取电能的司法鉴定案件。

陕西电力司法鉴定中心接受委托后，依据公安机关提供的犯罪嫌疑人询问笔录、现场勘查笔录，省电力执法监察总队提供的现场检查记录及照片，供电公司提供的行政机关颁布的规范性文件等材料，对犯罪嫌疑人赵某等人实际窃电天数、每天窃电时间、变压器容量、基本电费、违约电费、应补交的电费总量等，依法开展了司法鉴定工作。

第一，关于窃电行为的认定。依法合规尊重事实是认定窃电行为的基本原则。本案犯罪嫌疑人在其炼钢厂报停期间，私自启用变压器，私自搭接在 10kV 公网线路上用电，并且私自开启计量铅封，将计量互感器的三相电压线全部断开，使得计量表无法计量用电量。因此，本案犯罪嫌疑人赵某等人的私自用电行为均应认定为窃电行为。当前，社会经济不断发展，不法之人千方百计捞取不当利益。本案提示我们窃电行为多种多样，电力企业和电力主管部门反窃电措施、手段也应不断创新发展。

第二，关于窃电数额的认定。由于本案犯罪嫌疑人赵某等人在公安机关供述的实际窃电天数、每天窃电时间不尽一致，司法鉴定人经过慎重考虑，最终选取接到举报日作为窃电的开始时间，将犯罪嫌疑人带到公安机关作为窃取电量终结时间，并从中减去无法开工的 2 个月和过年停工的 1 个月，以每个月工作 20 天为计算标准，最终将犯罪嫌疑人赵某等人的实际窃电时间认定为 149 天，每天窃电时间按电力用户每天 12h 计算，并在认定实际窃电量 563220kWh＋变压器损耗电量 7140kWh＝应补交的电量 570360kWh 基础上，采用基本电费和实际窃电电费之和为补交电费数额既合情、合理也合法、合规。

第三，关于违约使用电费的计算。由于窃电是一种违法犯罪行为，对社会危害较大，所以依照国家规定，补交电费是实际窃电量电费的三倍。所以，本案犯罪嫌疑人赵某等人违约使用电的电费为补交电费的三倍，即：373228.72（元）×3＝1119686.15（元）。

纵观本案应当总结并汲取的经验教训是：犯罪嫌疑人赵某等人在长达十个月的时间里，长期连续采取非法手段窃取使用电力能源用于其开办的炼钢厂炼钢，但该违法犯罪行为却迟迟未被供电企业的工作人员发现，供电企业在管理上的疏漏是显而易见的，应当引起高度重视，认真加以改进。

电力资源是国家的重要能源之一，是国家财产的重要组成部分，任何单位和个人未经许可都不得擅自窃取和盗用，否则就应当承担相应的法律责任。供电企业应当加强对国家电力资源的管理，保证国家电力资源的安全，杜绝发生擅自窃取和盗用行为，一经发现要坚决严厉打击，绝不姑息迁就。对电力企业职工失职渎职的也要严加查处，防患于未然。

二、河南省某纺织有限公司电能计量装置失准司法鉴定案

案 情

河南省某供电公司对某纺织有限公司（以下简称纺织公司）的电能表进行了更换。同年 4 月 11 日，供电所报告纺织公司 3 月用电量与往月相差过大，怀疑计量装置存在问题。供电公司营销部组成调查组到现场对纺织公司的计量装置进行了检查，发现：更换后的电能表接线盒上的电流短路片没有及时拆除，导致大部分的电流经过短路片，只有少部分的电流经过电能表。供电公司营销部现场对计量装置的电能表表尾处和接线盒处的电流、功率、电压、功率因数等瞬时量进行了测量和记录，并对当时的电能表电量读数一并做了记录。

为了准确解决此事，供电公司委托陕西电力司法鉴定中心对纺织公司电能计量装置在短路片断开和闭合时的电量进行司法鉴定。

鉴定经过

陕西电力司法鉴定中心司法鉴定人及鉴定专家亲赴该 10kV 电能计量装置现场，在河南省某公证处公证员及委托鉴定方、涉事当事人均在场的情况下，对本案进行司法鉴定，主要进行了以下几个方面的工作：

（1）对涉案的有关单位及人员进行询问调查。

（2）对涉案事故现场及故障点进行勘查勘验。

（3）查阅涉案有关单位电能计量装置计量失准过程的原始记录及有关资料。

（4）对涉案的计量电能表进行现场模拟试验和检测。

（5）查阅供电公司提供的鉴定材料。

（6）召开司法鉴定人员分析讨论会。

鉴定分析

一、基本情况

纺织公司的电能计量装置采用高供高计三相三线计量方式，高压侧为

10kV 公网供电，电压互感器为 10kV/100V；电流互感器为 150A/5A；更换前的电能表为 DSSD188S（编号为 359579）；更换后的电表为 DSZY22–G（编号为 065194），有功等级为 1 级，无功等级为 2 级。

　　某节能技术公司和供电所的工作人员一起将型号为 DSSD188S 的电能表更换为 DSZY22–G 的电能表；之后，供电所发现纺织公司的电量与往月相差较大；供电公司营销部组成调查组到现场进行检查发现，计量箱铅封完好，电能表加有出厂封印，表尾接线端子和接线盒端子均未加封印，接线盒电流回路 A 相和 C 相短接片未打开；两家共同对表尾处和接线盒处的瞬时量进行了现场测量。

　　司法鉴定人及专家进场后对现场进行了模拟试验和测试。发现电能表尾经接线盒与互感器的二次回路相连接，电能表接线端子盖及接线盒处均未加有封印。

　　现场测量数据为：$U_{ab} = 103.0V$，$U_{cb} = 103.4V$，接线盒处的电流：$I_a = 1.240A$，$I_c = 1.207A$，表尾处的电流 $I_a = 0.127A$，$I_c = 0.119A$，两相电压的夹角为 300°，两相电流的夹角为 244°，功率因数为 0.852。根据现场测量的数据做出相量图。

二、现场测试数据分析

　　供电公司营销部组织对现场计量装置进行了故障状态下测试，并对三相三线测试数据进行列式计算。本次共测试了十组数据，现将测量数据分析如下：

　　电压、电流、功率因数和测量功率数据均来自于"某纺织电量测量结果统计"，电流和功率均为接线盒处测量的电流和功率。电能表和接线盒处显示的电压和功率因数基本一致。

　　根据理论计算功率和实际测量的功率关系进行比较，再采用了误差计算公式计算出误差功率。

　　通过分析，可以得出如下结论：供电公司提供的测量结果是可信的。由于功率为电压、电流和功率因数的乘积，表尾处的电压和功率因数均与接线盒处的电压和功率因数一致，故电流的比值就是功率的比值，讨论时均以电流的比值计算为准。

　　司法鉴定人及专家对纺织公司的电能计量装置进行了现场勘查，并模拟故障时的情况进行了试验。试验数据如下：

陕西电力司法鉴定中心现场测试的电流比值表

项目	A 相电流（A）	C 相电流（A）
接线盒处电流	1.240	1.207
电能表表尾处总电流	0.127	0.119

从表中可以看出：接线盒处的电流是电能表表尾电流的 10 倍左右，具体到各相：A 相电流比为 9.96 倍（=1.240÷0.127），C 相电流比为 10.14（=1.207÷0.119）倍，平均值为 10.1 倍。

从现场测试的电能表参数可以看出：相位关系均正常，说明现场的电能表接线是正确的。

综上所述：经过供电公司和陕西电力司法鉴定中心两家分别对现场的短路片电流进行测试，表明：试验是可复现的，结论是一致的，反映了电流回路的客观规律。

供电公司提供的电能表起止有功电能量表

3 月 21 日的电表读数（kWh）	4 月 12 日的电表读数（kWh）	电表净电量（kWh）
0.00	15.98	15.98

从供电公司提供的电能表起止有功电能量表中可以看出两次测量的电流比值加权平均就是正常计量时的电能量，故：

$$互感器倍率=电压互感器倍率×电流互感器倍率$$

$$=\frac{10000V}{100V}×\frac{150A}{5A}$$

$$=3000（倍）$$

故障期间（电流短路片没有打开）的电能量为：

$$故障期间电表计量的电能量=电表的净电量×互感器倍率$$

$$=15.98×3000$$

$$=47940（kWh）$$

正常期间（电流短路片打开）的电能量为：

$$计算的电能量=故障期间的电能量×电流比值$$

$$=47940×10.1$$

$$=484194（kWh）$$

三、误差修正

由于电能表的电流测量范围为 0～1.5A，两次现场实际测量电能表流过的电流大约为 0.15A 左右，应为满量程的 10%，实际的功率因数为 0.5L～1.0，经查该电能表的检定证书的正向有功误差值：当 10% 负荷时误差为 0.0%，当功率因数为 0.5L～1.0 时误差为 0.0%，故不对式的电量进行误差修正。

四、数据验证

从供电公司提供的电量报表中可以看出：最小的为 6120kWh，最大的为 554760kWh，而鉴定中心计算的电量位于 6120～554760kWh 这个范围内，间接证明本计算是正确的。

鉴定结论

此案经过严密计算、检测，最终得出的鉴定结论是：电能计量装置电流短路片没有打开时计量的电能量为：47940kWh；电流短路片打开时计量的电能量应为 484194kWh。

 评　析

这是一起有关电能计量装置是否失准的司法鉴定案。

所谓电能计量装置，简单地说，就是电表箱（或者电表柜）内的所有表计、元件、线路及其相关的互感器、铅封等物件的总和，用来计量用户的用电情况并具有抗破坏功能。现实生产生活中常见的电能计量装置包括各种类型电能表，电压互感器变比测试仪，电流互感器变比测试仪，计量用电压电流互感器及其二次回路，电能计量柜（箱），等等。

本案，纺织公司的电能表是由供电部门和节能技术部门共同给纺织公司更换电能表的，由于工作人员责任心不强，操作失误，没有及时拆除电能表接线盒上的电流短路片，导致大部分的电流经过短路片，只有少部分的电流经过了电能表，造成更换电能表后的用电量与实际差距过大的情形。

陕西电力司法鉴定中心接受委托后，鉴定人员和鉴定专家在当地公证处公证员及委托鉴定方、涉案当事人均在场的情况下，对纺织公司电能计量装置在短路片断开和闭合时的用电量进行了司法鉴定。

电能表表尾经接线盒与互感器的二次回路相连接，电能表接线端子盖及接

线盒处均未加有封印。

供电公司的测试结果为：实际测量功率与理论计算功率误差在±1.6%之内，实际测量数据与理论计算数据符合程度良好。

供电公司和陕西电力司法鉴定中心分别对现场的短路片电流进行测试。而且，陕西电力司法鉴定中心模拟故障时的情形进行测试，结果是：两家的测试结论基本上是一致的，反映了电流回路的客观规律。

故陕西电力司法鉴定中心的最终作出 2 条鉴定结论：① 该电能计量装置电流短路片没有打开时计量的电能量为 47940kWh；② 电流短路片打开时计量的电能量应为 484194kWh。

上述鉴定结论，科学、客观、公正地反映了电能计量装置在不同状态下的电能计量，得到了各方当事人的认可，为妥善解决双方当事人之间的争议提供了专业参考依据。

三、山东省某房地产公司办公楼水热泵中央空调系统耗电量司法鉴定案

案　情

山东省某房地产公司与某地源热泵公司签订建筑安装工程承包合同，约定由地源热泵公司负责房地产公司办公楼水热泵中央空调系统的设计安装和施工。工程完工后，房地产公司经运行后认为该设备耗电量过高，不符合质量设计要求，拒付剩余工程款，地源热泵公司向山东省某区人民法院提起民事给付之诉讼。法院在审理本案的过程中涉及双方争议的技术问题，特委托陕西电力司法鉴定中心对该办公楼水热泵中央空调系统的耗电量进行司法鉴定。

鉴定经过

鉴定人员和鉴定专家在委托方和各方当事人均在场的情况下开展了如下鉴定工作：

（1）对涉案的有关单位及人员进行调查。

（2）对涉案事故现场及故障点进行勘查勘验。

（3）查阅涉案有关原始记录及资料。

（4）对涉案现场进行耗电量测试。

鉴定分析

一、现场情况

用电户房地产公司涉案的电能计量方式为低供低计方式，无电压互感器，用电流互感器测量电流，感觉此前的电能表电量较大，故将此前的表计更换为现在的表计，更换后的表计经计量检定测试所检定为合格表计。

二、现场测试

陕西电力司法鉴定中心司法鉴定人及专家对现场的耗电量进行了上午与下午两次现场测量，并对测试数据进行了统计。

在现场测量数据基础上，按下列公式计算出耗电量。

$$每天的耗电量 = 有功功率 \times 工作时间 \times 负荷率$$
$$= 11.61kW \times 24h \times 0.7$$
$$\approx 195.05kWh$$
$$每个制冷季的总电量 = 每天的耗电量 \times 制冷季时间$$
$$= 195.05kWh \times 120$$
$$= 23406kWh$$
$$每个制冷季每平方米电量 = 每个制冷季总电量 \div 总面积$$
$$= 23406kWh \div 700m^2$$
$$\approx 33.44kWh/m^2$$

鉴定结论

经测量计算办公楼水热泵中央空调系统在夏季时：每天耗电量为195.05kWh；每个制冷季（120天）耗电量为 23406kWh；每个制冷季每平方米耗电量为 33.44kWh。

评　析

这是一起有关办公楼中央空调系统耗电量计算司法鉴定案。

某房地产公司认为中央空调系统的设备耗电量过高，不符合约定的质量设计要求，拒付剩余工程款。某地源热泵有限公司遂提起诉讼，请求判令被告房地产公司给付拖欠的剩余工程款。某人民法院在审理本案的过程中，因双方当事人分歧意见较大，特此委托陕西电力司法鉴定中心对某房地产公司办公楼水热泵中央空调系统的耗电量进行司法鉴定。

在委托方和各方当事人均在场的情况下，司法鉴定人员和司法鉴定专家对涉案的有关单位及人员进行了调查；查阅了涉案有关原始记录及资料；并在涉案现场对办公楼水热泵中央空调系统的耗电量进行了现场测试。

本案的关键是办公楼中央空调系统的电能计量设备、计量方式是否准确问题。经陕西电力司法鉴定中心司法鉴定人及司法鉴定专家对房地产公司办公楼水热泵中央空调系统的耗电量进行二次现场测试，得到真实、可信、客观的有关数据，得出确切鉴定结论。

此案启示人们在用电中要注意选择高质量的计量设备和检测设备。发生纠纷时，寻求具有权利能力和行为能力的电力司法鉴定专门机构，采用公开、先进科技手段实际测量检验，提供科学的数据，为解决各种案件提供证据十分重要。

四、重庆市某机械厂窃电金额计算司法鉴定案

案　情

重庆市某电力公司（甲方）与重庆市某机械厂（乙方）签订了供用电合同，约定，甲方向乙方供电，用电性质为普通工业用电（铸造）；用电容量为1个受电点，受电点变压器1台，容量250kVA；供电方式为甲方向乙方提供50Hz、10kV电压的电源，采用单电源、单回路，由某变电站出口开关送出的公共线路向乙方受电点供电。电力公司在日常检查中发现机械厂将高压供电侧的电流互感器一次侧两端用短路线短接，造成电流互感器被短路线分流的办法盗窃电力。价值427766.66元。电力公司遂向当地公安机关报案。公安机关在侦查过程中，委托陕西电力司法鉴定中心对本案的窃电数额进行司法鉴定。

鉴定经过

陕西电力司法鉴定中心的鉴定人和鉴定专家赴重庆市某机械厂窃电现场，在重庆市某区公安刑事警察支队警官、双方当事人均在场的情况下，对本案开展司法鉴定。主要进行了以下几个方面的工作：

（1）对涉案事故现场及故障点进行勘查勘验。

（2）对涉案人员进行调查询问。

（3）查阅公安机关提供的鉴定资料。

（4）查阅电力公司提供的证据材料。

（5）对本案电能计量装置进行检验检测。

（6）召开司法鉴定人员评析会，核算窃电金额。

鉴定分析

一、现场情况

经查，机械厂的电力线是由供电公司的 10kV 公网电线经 250kVA 的电力变压器供给的，电能计量装置由电压互感器、电流互感器、二次回路、电能表和电能计量箱组成。电力变压器和组合互感器均位于一房间的屋顶平台，电能表位于该房间的一个计量箱内，现场勘验时发现电能表表尾接线端子盖铅封、出厂铅封和设置表计铅封共计 5 处铅封均完整无损。

计量二次回路从屋顶上的组合互感器接至表计接线端子，计量装置的电压电流互感器均接在高压侧，属于高压供电高压计量的方式。电力司法鉴定人员在现场勘验时全厂处于停电状态。

电能表：计量表计是某仪表集团股份有限公司生产的型号为 DSZ535 型三相三线智能电能表，测量电压为 3×100V；测量电流为 3×1.5（6）A；有功为 0.5S 级，常数为 20000imp/kWh；出厂表号为 140308022908。

互感器：计量表计为某电气有限公司生产的组合互感器，即：电压和电流互感器封装在一起。型号为：JLS – 10W10kV，计量等级为 0.2S 级，电压互感器变比为 10000V/100V，电流变比为 15A/5A，出厂编号为 113014。

电力变压器：由某变压器厂生产，型号为 S9 – M – 250/10 三相，联结组别标号为 Yyn0 方式，变压器额定容量为 250kVA，高压侧电压为 10000V，电流为 14.43A；低压侧电压为 400V，电流为 360.9A。出厂编号为 82089。

计量二次回路：计量二次回路经电缆从组合互感器引入计量表计，回路完整无接头。

用电侧电缆：现场电缆非常混乱，电缆没有专用的电缆桥架，没有捆扎、没有安全保护措施，电缆没有明显的标示，属于严重的私拉乱接。

现场勘验窃电工具：公安机关提供的两截裸铜线系犯罪嫌疑人用于短接电流互感器的铜线，经现场比对为该厂用于短接计量装置的导线。在第一现场照片中可以看到短路裸铜线在 A、C 相电流互感器处连接的事实，而且勘验人员在现场进行了电流短接线路对比。

从机械厂电能计量装置原理示意图显示中可以看出，10kV 公网侧的红色粗线是用于短路电流互感器的短接线，将 A 相和 C 相电流互感器一次侧电流短接，由于短接线的存在使得本应流经电流互感器的电流被短路线分流了，造成了计量装置少计电量。

二、用户类型

依据电力公司与机械厂签订的供用电合同的约定，用户性质为普通工业用户（铸造），故计算电量时按照普通工业用户电价和计算方法。

三、窃电时间的确定

窃电结束时间依据供电公司给机械厂下达的停电通知书为准。但无法确定具体的窃电开始时间，根据《供电营业规则》及《重庆市供用电条例》的规定，窃电时间无法查明时，窃电日数至少以一百八十天计算，每日窃电时间：电力用户按 12 小时计算；照明用户按 6 小时计算。

四、变压器容量的确定

依据供电公司与机械厂签订的供用电合同和现场勘验组合互感器的铭牌照片，确定变压器的容量为 250kVA。

五、电费单价的确定

依据机械厂所在辖区发展和改革委员会文件，《关于调整可再生能源电价附加标准与环保电价有关事项的通知》及附件明确规定：1—10kV 的一般工商业及其他用户电价为 0.828 元/kWh。

六、违约电费倍率的确认

依据《供电营业规则》明确规定：窃电者应按所窃电量补交电费，并承担补交电费三倍的违约使用电费。故确认机械厂承担补交电费三倍的违约使用电费。

七、窃电量计算方法为

$$窃电电量 = 变压器额定容量 \times 窃电时间$$
$$窃电电费 = 窃电电量 \times 电价$$

八、用户已交电费的确定

供电公司提供的机械厂电量销售单证明销售电量为 59400kWh，用户已经交纳电费为 49183.2 元。

九、总电量计算

依据《供电营业规则》的规定：所窃电量按私接设备额定容量（千伏安视同千瓦）乘以实际使用时间计算确定。因此在计算总容量时变压器的单位千伏安视同千瓦。本案变压器容量为 250kVA；实际使用时间为：180（天）×12（小时/天）＝2160 小时，故该案总电量计算如下：

$$总电量 = 变压器容量 \times 实际使用时间$$
$$= 250kW \times 2160h$$
$$= 540000kWh$$

十、应补交电费计算

由于该机械厂已交了电表计量电量电费，故应补交的电费为总电费减去已交的电费。即：

$$总电费 = 总电量 \times 电价$$
$$= 540000kWh \times 0.828 元/kWh$$
$$= 447120 元$$
$$应补交电费 = 总电费 - 已交电费$$
$$= 447120 元 - 49183.2 元$$
$$= 397936.8 元$$

十一、违约使用电费计算

依据《供电营业规则》的规定，违约使用电费为补交电费的三倍，即：
$$397936.8 元 \times 3 = 1193810.4 元$$

鉴定结论

实际窃电电费：397936.8 元

违约使用电费：1193810.4 元

应交电费总计：1591747.2 元

评 析

本案是一起比较典型的企业法人盗用电能案件。

电能是一种商品，具有使用价值和商业价值。电能受国家法律保护。任何单位和个人不得非法侵占、使用电能。窃用电能属于违法行为。

陕西电力司法鉴定中心根据公安机关的委托，依照国家电力法规和相关电力规章对该机械厂盗窃使用电能的行为进行了司法鉴定。

第一，关于窃电行为的认定。电力是一种特殊商品，用户未经供电部门许可，私自窃取供电部门的电力就是盗窃电能的违法行为。根据《供电营业规则》规定，窃电行为包括：① 在供电企业的供电设施上擅自接线用电；② 绕越供电企业用电计量装置用电；③ 伪造或开启供电企业加封的用电计量装置封印用电；④ 故意损害供电企业用电计量装置；⑤ 故意使供电企业用电装置不准或失效；⑥ 采取其他方法窃电。机械厂在实际使用电能时，利用可以控制高压计量箱电源开关之便，擅自将高压供电侧的电流互感器一次侧两端用短路线短接，造成电流互感器被短路线分流，绕越计量装置盗窃使用了电力，手段明显。

第二，关于窃电时间的确定。窃电时间是计算窃电量的重要依据，在司法实践中也是容易发生争议的问题。本案窃电的终止时间以电力公司给机械厂下发停电通知书的时间为准，但窃电的起始时间无法确定。只能依照《供电营业规则》关于"窃电时间无法查明时，窃电日数至少以一百八十天计算，每日窃电时间：电力用户按 12 小时计算；照明用户按 6 小时计算"的规定确认。故机械厂的窃电时间应以发现其窃电的时间向前推算 180 天，为其窃电的时间段，每天用电时间按 12 小时计算，共窃电 2160 小时。

第三，关于窃电量的计算。窃电量的数额是司法机关认定犯罪嫌疑人的窃电行为是否构成违法犯罪的重要依据。也是追缴电费数额计算的基础之一。经陕西电力司法鉴定中心最终计算鉴定机械厂的窃电量为 540000kWh。

第四，关于违约使用电费的计算。违约使用电费的计算是本案司法鉴定的最终目的。本案的结论是：依法依规机械厂必须对其窃电行为承担补交电费三倍的违约使用电费。

陕西电力司法鉴定中心的鉴定结论是：机械厂实际窃电电费为 397936.8 元；违约使用电费为 1193810.4 元；应交电费总计 1591747.2 元。

本案值得关注的问题是，电力公司本应及时发现机械厂的窃电行为，但供电公司的工作人员内外勾结，滥用职权、玩忽职守，收受了机械厂的巨额贿赂，因此对机械厂的窃电行为长期视而不见，使其窃电行为屡屡得逞，给国家财产造成巨额损失。

电力企业要加强教育和管理，坚决杜绝工作人员的违法犯罪行为，不给违法犯罪分子提供可乘之机，切实保护国家、企业财产安全。

五、陕西省某清洁热源股份有限公司供电侧供电负荷费用司法鉴定案

案 情

陕西某地产公司与陕西某清洁热源公司签订了《某小区旧城改造项目一期污水源热泵系统投资运营管理合同》。合同履行过程中双方当事人对合同中约定的供电侧供电负荷费用计算方法及依据认识不一致，陕西某清洁热源公司遂请求陕西电力司法鉴定中心对此进行司法鉴定。

鉴定经过

本案案情不算复杂，请求司法鉴定的内容相对简单。电力司法鉴定人主要进行了以下工作：

（1）收集合同及相关资料。

（2）收集查阅国家及主管部门对负荷收取费用的规定。

（3）调取本案相关资料、数据。

（4）对各种相关数据进行计算和分析。

鉴定分析

在电力系统中，电气设备所需用的电功率称为负荷。用电负荷加上同一时

刻的线路损失负荷，就是供电侧对用电侧供电所承担的全部负荷，称为供电负荷。供电侧供电负荷费用是指供电企业依据国家电力行政管理部门、政府物价管理部门的规定，按照用电客户负荷及装见变压器容量（kVA）收取的费用。

一、国家电力行政管理部门、政府物价管理部门关于收取负荷费用的规定

（一）用电客户负荷投运前一次性收取的费用

1. 贴费

贴费是指 10kV 及以上供电的用户，按装接的受电变压器（kVA）与未接入受电变压器的高压电动机容量（kW）之和交纳的费用。

2. 高可靠性供电费用及临时接电费用

高可靠性供电费用对两路及以上多回路供电用户收取；临时接电费用仅限于对临时用户收取，两项收费按用户不同电压等级和装见容量，以每千伏安对应标准收取。

（二）投运后运行期间定期收取的费用

依照政府主管部门的规定，按负荷收取的供电侧供电负荷费用共分为两类：

（1）投运前一次性收取的费用，高可靠性供电费用（对两路及以上多回路供电用户收取），临时接电费用（仅限于对临时用电用户收取），两项收费按用户不同电压等级和装见容量，以每 kVA 对应标准收取。

（2）投运后运行期间定期收取的费用，仅大工业用电执行两部制电价，按用户装见的受电变压器容量（或需量）计算基本电费。

二、分析、计算结论

具体到本案，陕西某地产公司申请共计 7030kVA 装见容量，其中 630kVA 属于第二路备用供电电源，交纳了高可靠性费用 132300 元。另外，因其不属于大工业用电性质，亦不执行两部制电价，不按装见容量收取基本费。因此按供电负荷收取的费用仅高可靠性费用 132300 元。

供电侧供电负荷费用不包含建设配网工程的变压器、开关、输电电缆等配电设施及其场地修整费用。

鉴定结论

本案陕西某地产发展有限公司应向供电企业交纳的供电侧供电负荷费用

为 132300 元。

评　析

这是一起根据当事人的申请，依照国家及相关部门的规定，对供电侧供电负荷所需费用进行计算的司法鉴定案。

在电力系统中，电气设备所需用的电功率称为负荷。负荷按其性质可分为两大类，即供电负荷和用电负荷。用电负荷是指用户用电设备总容量，也就是对电力系统的需求容量；供电负荷是指用电负荷加上同一时刻的线路损失负荷，也就是供电侧对用电侧供电所承担的全部负荷，称为供电负荷。

供电侧供电负荷费用是按照用电客户负荷要求安装的变压器所收取的费用。

根据国家电力行政管理部门、政府物价管理部门关于收取负荷费用的相关规定，对用电客户收取的负荷费用，包括"用电客户投运前一次性收取的费用"和"投运后运行期间定期收取的费用"两部分。而在投运前一次性收取的费用中，又包含"贴费"和"高可靠性供电费用及临时接电费用"两部分。

本案双方当事人对《某小区旧城改造项目一期污水源热泵系统投资运营管理合同》中约定的供电侧供电负荷费用计算方法及依据认识不一致，委托陕西电力司法鉴定中心进行司法鉴定。说明随着法治的加强，人们法律意识的提高，尊重法治、尊重科学、尊重事实的观念也越来越强。同时也告诫我们订立合同的严密性、明确性十分重要。

六、陕西省某县公安局委托对犯罪嫌疑人周某、连某盗窃电缆数额价值司法鉴定案

案　情

犯罪嫌疑人周某、连某，先后三次盗窃陕西某新能源有限公司型号为 YJV-3×150+2×70 的电力电缆。

为了确定该盗窃案案值，陕西省某县公安局委托陕西电力司法鉴定中心对犯罪嫌疑人周某、连某盗窃一案中涉案电缆数额价值进行司法鉴定。

鉴定经过

陕西电力司法鉴定中心的司法鉴定人接案后认真审阅公安机关提供的鉴定材料，并查阅了相关案件资料，经过慎重分析研究讨论后，形成以下鉴定分析意见及鉴定结论。

鉴定分析

一、犯罪嫌疑人周某、连某盗取电缆的总体情况

根据《周某讯问笔录》，可知周某、连某盗取电缆的次数为三次。

二、犯罪嫌疑人周某、连某盗取电缆核算依据

根据《周某讯问笔录（第六次）》，可知周某、连某三次盗取电缆之后，分别把三次盗取电缆的外皮剥掉之后，进行买卖交易。

根据"办案说明"可知 3m 被盗的剩余取样电缆剥掉外皮后，称重为 16.1kg，平均每米重量为 5.37kg。

根据"涉案物品价格鉴定意见书"的价格鉴定结论，可知周某、连某所盗电缆每米价格为人民币 380 元。

三、犯罪嫌疑人周某、连某第一次盗取电缆核算

根据测算犯罪嫌疑人周某、连某第一次盗取电缆 180kg 的总长度为 55.87m，盗取电缆的总价格为 21229.05 元。

四、犯罪嫌疑人周某、连某第二次盗取电缆核算

根据《周某讯问笔录》可知周某、连某自己用买来的电子台秤对第二次盗取电缆进行了称重，重量为 272kg，鉴于周某、连某自己买的电子台秤没有溯源和检定证书，不足为据，而是依据销赃买家的称重重量为基准。

五、犯罪嫌疑人周某、连某第三次盗取电缆核算

根据《周某讯问笔录》可知周某、连某第三次盗取电缆的总重为 59kg，总长度为 10.99m。依据电缆长度核算标准 5.37kg/m。

鉴定结论

犯罪嫌疑人周某、连某三次盗取电缆的总长度为 116.02m，总重量 623kg，盗取电缆的总价格为 44085.66 元。

评 析

这是一起发生在企业施工工地的切割盗窃电力电缆线案件。

根据公安机关现场勘验笔录记载，案发现场位于陕西省某县新能源公司院内，中心现场位于该公司南侧施工仓库内。该施工仓库由西侧的小仓库和东侧的大仓库组成，被盗的电缆线位于东侧仓库西边空地的电缆盘上。该电缆盘直径88cm，由钢管悬空架于地面上，电缆直径5cm，内有三粗两细共五股铜丝，缠于盘上的电缆有2m长垂落于地面，末端有被剪断的痕迹。电缆线外包装皮上可见"某线缆（集团）有限公司"字样，电缆盘旁有六段共6m的电缆绝缘护套，还有大量绿色包装纸和白色填充物遗落在地面。该施工仓库南侧为公司的南外墙，墙内侧高2m，外侧高2.2m，在墙内侧发现有一个可供攀爬的钢架子靠于墙上，在墙外侧地面发现有六段共31m的电缆绝缘护套。

根据公安机关已经查明的案件事实和陕西电力司法鉴定中心作出的司法鉴定结论，本案犯罪嫌疑人在短短30余天内，先后三次潜入新能源有限公司施工工地，盗窃型号为YJV-3×150+2×70的某线缆（集团）有限公司生产的电力电缆总长度为116.02m，总重量623kg，总价值折合人民币44085.66元。

从现场勘验照片以及犯罪嫌疑人遗留在现场的作案工具、切割的电缆线、剥离的电缆绝缘护套等手段看，犯罪嫌疑人的犯罪行为十分嚣张，作案前进行了精心准备，作案时所携带的工具齐全，在作案现场切割、剥离电缆线外皮手段娴熟，并动用平板车分5次对所盗窃的电缆线进行了运输。另外，本案犯罪嫌疑人的作案特点是，每次盗取电缆线之后，都是分别把盗取的电缆线外皮剥掉之后，仅对电缆线中间的铜芯进行买卖交易。

陕西电力司法鉴定中心的司法鉴定人和司法鉴定专家根据《中华人民共和国价格法》，最高人民法院、最高人民检察院、公安部、国家计委颁发的《关于统一赃物估价工作的通知》，《扣押、追缴、没收物品估价管理办法》和陕西省计委、省高级人民法院、省人民检察院、省公安厅《关于物品估价工作的通知》，《陕西省物品估价鉴定暂行办法》等规定，对本案犯罪嫌疑人三次盗窃电力电缆的总长度、总重量以及折合人民币的价值等作出了客观、公正的鉴定结论，为司法机关依法办理本案提供了依据。

纵观本案，令人十分痛心的是，犯罪嫌疑人先后三次潜入陕西某新能源有限公司施工工地进行盗窃作案，且在作案现场遗留有大量作案后遗弃的物品，而受害人陕西某新能源有限公司竟对此毫无察觉，只是在犯罪嫌疑人第三次作案得逞后才察觉施工仓库电缆线被盗，并向当地公安机关报了案。

　　上述事实说明，有些单位对本施工仓库和施工材料的存放管护方面存在重大的管理漏洞，从而给犯罪嫌疑人实施违法犯罪行为造成了可乘之机。犯罪嫌疑人盗窃的电力电缆是企业重要的电力生产经营性物资，对国民经济的发展和企业的正常生产经营活动都具有十分重要的意义。作为企业来讲，对其生产经营性物资进行妥善保管和使用是企业的重要职责。正因为企业对其生产经营性物资入库存放保管制度不严格，相关库管人员及领导监督管理不到位，每年的1—2 月份正值元旦春节节假日比较集中的时间段，防范意识淡漠，给违法犯罪分子实施违法犯罪行为留下可乘之机，这个教训是十分深刻的，应当引起所有企业引以为戒，避免企业遭受不必要的经济损失。

第三章

电力设施保护司法鉴定案例

一、某省武警边防总队通信设备损坏及估损司法鉴定案

案 情

某工程局在某地地铁 2 号线施工期间，将输电线路一号开闭所至原告某省武警边防总队环网柜供电电缆挖断，导致某省武警边防总队机关所有用电负荷突然断电，造成某省武警边防总队通信中心核心路由器 POS 板损坏，全省边境地区的公安网络中断 24h，某省武警边防总队各级指挥中心信息、机要明传、边检数据等无法传输，严重影响了某省武警边防总队正常工作秩序。特委托陕西电力司法鉴定中心对某工程局地铁 2 号线施工期间挖断其供电电缆是否造成其核心路由器 POS 板损坏以及对核心路由器 POS 板估损进行司法鉴定。

鉴定经过

根据某省武警边防总队委托的司法鉴定事项，陕西电力司法鉴定中心的司法鉴定人和鉴定专家到某省武警边防总队驻地，在委托方及某科技有限公司技术部相关人员在场的情况下，对本案开展现场勘验和调查，主要过程如下：

一、对某省武警边防总队配电室现场进行勘查。

二、对某省武警边防总队通信中心现场进行勘查。

三、认真审阅、分析某省武警边防总队提供的鉴定材料。

鉴定分析

某省边防总队通信中心所有路由器均由配电室的 UPS 电源供电。共有四种模式：① 市电正常 UPS 电源工作模式；② 市电掉电 UPS 电源工作模式；③ UPS 电源自动旁路工作模式；④ UPS 电源手动维修旁路模式。

根据 UPS 工作原理，结合现场勘查情况和相关运行维护人员对事发现场情况的描述，判断整个断电过程如下：

（1）电缆未挖断时，UPS 电源采用上述第一种运行模式，即正常给通信中心路由器供电。

（2）电缆挖断过程中，UPS 电源应无缝转接到上述第二种运行模式，即由电池逆变输出交流继续给通信中心路由器供电。

（3）在电缆挖断过程中，电池没有正常续航，此时，UPS 电源又自动切换到旁路供电模式，即上述第三种运行模式，低压配电电源直接供给了通信中心路由器电源。

因此，在电缆挖断瞬间，低压配电的输出电压不稳定，有欠压到额定电压变化的若干个工频周期，这就造成路由器电源的输出电流有多次的从零电流输出到额定电流输出变化的若干个工频周期，每一个从零电流到额定电流变化都会出现一个高频涌浪过电流冲击，而路由器 POS 板上给每个芯片供电的线路电感会由于这个高频涌浪过电流而产生一个过电压，若干个过电压作用在芯片上就有可能使芯片损坏，最终使其中一个路由器 POS 主板损坏。

估损事故损坏路由器 POS 板上的 7600－SIP－200 模块经某科技公司售后服务工程师检测确认无法修复，需更换新板卡。该型号路由器新置 POS 板卡，该科技公司报价为 14.1 万元人民币。

鉴于某省武警边防总队事故发生后，进行事故抢修时，从邻省武警边防总队借用同型号 POS 板卡，同时考虑到某省武警边防总队事故损坏路由器 POS 板已使用一定年限，综合考虑各种情况，某省武警边防总队因此次事故造成的通信设备损坏估值为 10 万元人民币。

鉴定结论意见

经鉴定，其结论是：某工程局将某输电线路一号开闭所至原告某省武警边防总队环网柜供电电缆挖断，是造成某省武警边防总队机关通信中心核心路由器 POS 板损坏的直接原因。

某省武警边防总队因此次事故造成的通信设备损坏估值为 10 万元人民币。

评　析

这是一起涉及武警部队通信设备损坏及估损的司法鉴定案。

司法鉴定人对本案施工现场开展了勘验和调查，对事故原因进行了综合分析论证，最终认定某工程局施工时将武警边防总队环网柜供电电缆挖断，是造成武警边防总队机关通信中心核心路由器 POS 板损坏的直接原因。

通过对本案的司法鉴定，陕西电力司法鉴定中心认为本案存在以下问题，值得涉案单位在今后的工作中注意改进：

第一，重要通信线路供电电源单一。经现场勘查，某省武警边防总队通信中心所有路由器均采用单回路供电，即由配电室的 UPS 电源供电，一旦出现断电，整个通信系统即由于断电而无法正常工作。这也是此次某工程局在地铁 2 号线施工期间，将某输电线路一号开闭所至某省武警边防总队环网柜供电电缆挖断后，导致该武警边防总队机关所有用电负荷全部断电，并造成巨大损失的原因之一。

第二，备用发电机组不能正常发挥作用。从本案的事实看，某省武警边防总队虽然有备用的发电机组，但该发电机组存在技术故障又未得到及时修理，在外部电源突然停止供电后，备用发电机组不能正常启动并投入使用，造成断电损失的扩大。

第三，UPS 电池使用寿命超期。某省武警边防总队配电室的 UPS 电池的正常使用寿命为 5 年，事故发生时已属于超期使用，未能及时更换。

二、涉案 110kV 输电线与涉案建筑物之间的距离是否满足相关法律法规及标准要求司法鉴定案

案情简介

被告赵某、王某某将自己的住房装修工程发包给了某装饰工程公司。装饰

工程公司员工在涉案房屋向楼下运送装修垃圾时，被该楼北侧 110kV 高压线电击致死。随后，死者亲属起诉至法院，请求判令相关用户自有电力公司、房地产公司、房主、装饰工程公司合伙人等共同向原告支付死亡赔偿金、丧葬费、被扶养人生活费、精神损害抚慰金，共计 11 余万元。

受案人民法院委托陕西电力司法鉴定中心对涉案的 110kV 输电线线路架设与涉案建筑物之间的距离是否符合相关法律规定进行司法鉴定。

鉴定经过

陕西电力司法鉴定中心在接受委托后召开协调会，组织司法鉴定人、司法鉴定专家认真查阅分析送检材料。在原告、被告及委托法院法官在场的情况下，开展调查询问和现场勘验。

（1）查阅 110kV 输电线路设计资料及运行、检修资料。

（2）与涉案当事人及委托代理人谈话、调查、询问。

（3）实地测量涉案架空输电线路的导线与房屋、地面之间相关距离数据、参数。

（4）根据国标《110kV～750kV 架空输电线路施工及验收规范》《110kV～750kV 架空输电线路设计规范》及相关规范标准，对现场提取、采集的数据参数进行分析，最终形成司法鉴定意见。

鉴定分析

一、分析送检材料

根据人民法院提供的民事诉状复印件、《110kV～750kV 架空输电线路施工及验收规范》、现场照片复印件、晚刊新闻资料复印件、询问笔录复印件、庭审笔录复印件、光盘；相关用户自有电力公司提供的《110kV 输电线输电线路设计资料（照片）及运行、检修资料（附件）》《110kV 输电线输电线路基本情况说明》。房地产开发有限责任公司提供的某采油厂职工住宅 A 区建设工程规划许可证、建设用地规划许可证、涉案小区国有土地使用证及总体平面布置图等材料进行认真研究和分析，得知涉案 110kV 输电线由 110kV 甲输电线分段改造而成。

二、勘查期涉案架空输电线路相关参数

根据相关用户自有电力公司提供 110kV 输电线输电线路设计资料,证实输电线路导线采用 LGJ－150 型钢芯铝绞线,线路最大允许电流 300A,线路投运以来未更换导线,只是进行了有限的线路巡视和常规检修。

三、导线对地面及与房屋之间的距离

（一）现场测量情况

进行现场勘查了被告（相关用户自有电力公司）架空输电线路（110kV 输电线）位于 64 号楼北侧东西走向,022 号铁塔位于 64 号楼北侧东端,023 号铁塔位于 64 号楼北侧西边远端,110kV 输电线路由东向西经 022 号铁塔从 64 号楼北侧与楼平行通到 023 号铁塔。

测量架空线路与房屋（64 号楼）、涉案导线与房屋（64 号楼）相对位置距离:

涉案 C 相导线放电位置距 64 号楼外墙水平距离及净空距离测量:因输电线路在 64 号楼侧面,故水平距离与净空距离相同。在 64 号楼 2 单元处采用激光测距仪进行测量,测得 C 相导线距 64 号楼外墙水平距离 7.8m。

涉案输电线路放电位置处距线路两端铁塔距离测量:采用激光测距仪进行测量,测得放电位置处距 022 号铁塔水平距离 42m,距 023 号铁塔水平距离 237m。

其他相关位置对地面垂直高度测量:采用超声波测距仪与激光测距仪进行测量,测得 022 号铁塔与 023 号铁塔中间位置 C 相导线对地面垂直高度（最大弧垂处）为 10.18m、022 号铁塔处 C 相导线对地面垂直高度为 15.95m、023 号铁塔处 C 相导线对地面垂直高度为 18.05m,测得 64 号楼 2 单元 10 楼楼梯外墙为运送垃圾挂定滑轮位置距地面垂直高度为 28.7m。

（二）导线最大弧垂及风偏计算

计算依据:《电力工程高压送电线路设计手册（第二版）》,《110～500kV架空送电线路设计技术规程》,利用北京道亨公司 SLCAD 平断面处理系统计算程序进行了导线最大弧垂和导线最大风偏计算:包括导线型号及技术特征、气象条件导线比载及综合比载、张力弧垂、C 相导线对地垂直距离等。

四、结论

国家标准《110～750kV 架空输电线路设计规范》及《110kV～750kV 架空输电线路施工及验收规范》和国家法律、法规对线路平行距离与地面距离均有明确规定。国标规定在无风情况下，边导线与建筑物之间的水平距离，110kV 级电压不小于 7.0m。

《电力设施保护条例》规定架空电力线路保护区："导线边线向外侧水平延伸并垂直于地面所形成的两平行面内的区域，在一般地区各级电压导线的边线延伸距离如下：

1-10 千伏	5 米
35-110 千伏	10 米
154-330 千伏	15 米
500 千伏	20 米

在厂矿、城镇等人口密集地区，架空电力线路保护区的区域可略小于上述规定。但各级电压导线边线延伸的距离，不应小于导线边线在最大计算弧垂及最大计算风偏后的水平距离和风偏后距建筑物的安全距离之和。"

本案导线与地面垂直距离。涉案架空输电线路 110kV 输电线穿过居民区，导线相距地面最小垂直距离为 9.666m，符合国标在最大计算弧垂情况下，110kV 级电压导线对地面的最小距离不小于 7.0m（居民区）的规定。

本案边导线与建筑物之间的垂直距离。经检测在最大风偏（极限环境条件）时，C 相导线距 64 号楼外墙 2.209m，不符合 110kV 线路边导线与建筑物之间的最小净空距离不小于 4.0m 的规定。

本案边导线与建筑物之间水平距离。经测量本案线路边导线，符合 110kV 线路边导线与建筑物之间的水平距离在无风情况下不小于 2.0m 的规定。

鉴定结论

（1）涉案架空 110kV 输电线安装符合《110kV～750kV 架空输电线路设计规范》（GB 50545—2010）关于 110kV 导线与建筑物之间的最小垂直距离（5.0m）和无风情况下最小水平距离（2.0m）的规范要求；符合《110kV～750kV 架空输电线路设计规范》（GB 50545—2010）关于 110kV 导线经过居民区时与

地面的最小垂直距离（7.0m）的规范要求。

（2）在最大计算风偏情况下，边导线（C相）与建筑物（64号楼）之间的净空距离（本案为水平距离）为2.209m，不满足GB 50545—2010《110kV～750kV架空输电线路设计规范》规定110kV线路边导线与建筑物之间的净空距离（水平距离）不小于4.0m的规定。

（3）事故发生当天天气晴好，无风，110kV输电线C相导线放电导致人员伤亡与线路最大风偏不满足GB 50545—2010《110kV～750kV架空输电线路设计规范》规定无关，系施工人员在利用定滑轮运输垃圾时后退过程中，未注意头顶正在运行的110kV输电线路，拉绳距C相导线过近，进入110kV放电范围，导致C相导线放电。

评　析

这是一起110kV高压输电线致人死亡，人民法院请求对涉案高压输电线与涉案建筑物之间的距离是否符合法律规定进行的司法鉴定案。

涉案的110kV输电线由110kV甲输电线分段改造而成。事故当天110kV输电线运行最大负荷263A。

虽然涉案的110kV架空输电线路始建在前、投入使用在前，涉案房屋规划批复在后、修建使用在后，但该住宅楼距离110kV架空输电线路安全距离不完全满足相关电力法规的要求是客观存在的事实。根据电力设施保护条例及电力设施保护条例实施细则中的有关规定，电力线路与新建、改建、扩建的工程相互妨碍时，相关部门应当协商达成协议并采取相应措施后才可开工建设。但本案相关产权部门协商不够，使住宅楼距离110kV架空输电线路安全距离不完全满足相关电力法规的要求既成事实，事后监管措施不够到位，最终酿成高压线电击致人死亡的惨痛事件。

根据我国有关民法的规定：高危作业致人损害的归责原则是无过错责任原则，即从事高危作业的一方在无任何过错的情况下也要对受害方承担赔偿责任。若从事高危作业的一方有过错，则应承担过错责任。未经许可进入高度危险活动区域或者高度危险物存放区域受到损害，管理人已经采取安全措施并尽到警示义务的，可以减轻或者不承担责任。上述法律精神供涉事企业在处理此类案件时参考。

三、四川省雷某等人破坏电力设备是否对公共安全构成危害司法鉴定案

案　情

国网四川省电力公司某县供电分公司（以下简称县供电分公司）接到群众举报，其 10kV 山农线 46 号电杆被人为破坏及私拉乱接 10kV 高压线路。县供电分公司在经过现场检查核实后，随即向县公安局报案。

经县公安局现场勘查、询问和核实，本次电力设施人为破坏事件系四川省某建材公司为了扩建砂石厂，由承包工程的法定代表人雷某等人私自将原来早已建成并运行的县供电分公司 10kV 山农线 46 号电杆拆除，并利用 10kV 山农线临时停电检修消缺时段，剪断 10kV 山农线 45 号杆—47 号杆电线，未经任何主管部门审批许可，在另一地界，重新将提前私自建成的新立 1 号、2 号电杆和厂区自用变压器等电力设备接入 10kV 山农线用电，后经群众举报县供电分公司才得以发现。

县公安局特聘陕西中和司法鉴定中心对雷某等人破坏电力设备是否对公共安全构成危害进行司法鉴定。

鉴定事项是：① 雷某等人破坏的 10kV 山农线 46 号高压电杆及新立电杆高度、电线跨度及跨度间距地面高度是否符合国家要求；② 对雷某等人更换的 10kV 山农线 46 号高压电杆和新立电杆、电线的质量、技术参数是否符合国家标准；③ 对雷某等人破坏的 10kV 山农线造成的直接损失或恢复后造成的损失及影响该线路用户的情况；④ 对上述情况进行认定是否存在潜在危害公共安全问题进行司法鉴定。

鉴定经过

一、司法鉴定前期准备

陕西中和司法鉴定中心接受聘请后，立即指派司法鉴定人积极开展司法鉴定的前期准备工作，主要是收集审阅与案件事实有关的证据资料和法律法规。收集的主要证据资料和法律法规有：

（1）县公安局询问笔录、现场勘验笔录、现场方位图、现场照片复印件等。

（2）县供电分公司报案书、《关于 10 千伏山农线电力破坏损失情况说明》《关于"11·29"郭家坪 10kV 电力设施破坏案引发重大安全隐患和危害公共安全的鉴定》《关于"11·29"郭家坪 10kV 电力设施破坏案恢复重建消除安全隐患和公共危害的报告》等。

（3）郭家坪 10kV 电力设施破坏案 44—47 号杆恢复重建工程施工方案，包括：设计说明、设计图纸、工程预算书、工程材料汇总表等。

（4）10kV 山农线停电信息资料；10kV 某变电站主接线图及继电保护、安全自动装置统计表；10kV 山农线改造工程施工合同，施工设计说明书、工程预算书、工程决算书、审计报告等。

（5）主要法律法规有：

1）《中华人民共和国电力法》。

2）《电力设施保护条例》。

3）《电力安全事故应急处置和调查处理条例》。

4）《供电营业规则》。

5）国标《66kV 及以下架空电力线路设计规程》（GB 50061—2010）。

6）《四川省电力设施保护和供用电秩序维护条例》。

7）国标《电网运行准则》（GB/T 31464—2015，现已被 GB/T 31464—2022 代替）。

二、积极开展司法鉴定工作

根据县公安局委托的司法鉴定事项，陕西中和司法鉴定中心司法鉴定人在县公安局警官主持见证下，到县某建材公司、县供电分公司 10kV 山农线号 43—47 号电杆现场、110kV 某变电站进行了现场勘查勘验，主要过程如下：

（1）在县供电分公司调查了解案情。

（2）在某建材公司砂石厂现场勘查。

（3）在 10kV 山农线号 43—47 号电杆现场勘查。

（4）在 110kV 某变电站勘验。

（5）现场勘验后，司法鉴定人及专家进行资料核实、分析、鉴定，形成司法鉴定意见。

鉴定分析

一、10kV 山农线概况

10kV 山农线原名 10kV 中农线，由 35kV 中心变电站供电，变电站技改时将 10kV 中农线并接到 10kV 中真线，名称为 10kV 中真线龙旺支线；110kV 某变电站建成投运后将 10kV 中真线龙旺支线接入该变电站，更名为现在的线路名称 10kV 山农线。

10kV 线路改造工程，新架和改造 10kV 线路 2.645km、新增及更换电杆 19 根，对在运 10kV 线路杆塔重新编号，民建 4 村至 7 村 10kV 线路改造工程中线路 18 号杆为现 10kV 山农线 46 号杆。

二、被破坏的 10kV 山农线原 46 号杆满足安全要求，受法律法规保护

10kV 山农线原 46 号杆属于民建 4 村至 7 村 10kV 线路改造工程的 18 号杆。

从设计、施工、竣工报告、结算书等文件资料查明，10kV 山农线原 45 号—47 号杆工程建设符合规定，竣工验收合格。自投运以来，线路运行良好，没有发生事故的记录。可以确定原 46 号杆自投运至被破坏之前的运行是安全的，其电力设施依法受到法律法规保护。

三、私自改造 10kV 山农线 45 号杆—47 号杆电线及其辅助设施的行为，构成违法

10kV 山农线由 110kV 某变电站供电，电杆共计 436 基，线路导线型号 LGJ - 70/35，供电范围包含 13 个村庄 3882 户居民和 15 个专变用户，专供学校、油井、养猪场、烟花爆竹厂等 15 个重要用户，属于公共设施。县某建材公司为了扩建砂石厂，私自将原来早已建成并运行的 10kV 山农线路 46 号电杆拆除，并利用 10kV 山农线临时停电检修消缺时段，剪断 10kV 山农线 45 号杆—47 号杆电线，重新将提前私自绕开厂区、未经过任何审批许可、未经某畜牧科技有限公司同意在其养猪场地界私自建成的新立 1 号、2 号电杆，并将厂区自用变压器等电力设备接入 10kV 山农线用电，严重违反《中华人民共和国电力法》和国家有关电力设施受国家保护的规定。

私自破坏、改造 10kV 山农线 45 号杆—47 号杆电力线路及辅助设施（包括杆塔、基础、拉线、接地装置、导线、金具、绝缘子、标志牌及其有关辅助设施），严重影响到重要用户的安全供电，属于破坏电力设施及危害公共安全

的犯罪行为。

四、未经主管部门批准，私自建设、改造的 10kV 山农线 45 号—47 号杆段线路属于私拉乱接的违法行为

五、与电力企业人员内外串通，私自破坏、改造 10kV 山农线 45 号—47 号杆段线路，涉嫌以权谋私，构成违法行为

从县公安局提供的书证材料看，证明本次破坏、改造 10kV 山农线 45 号—47 号杆段线路的案件中，有县供电分公司的人员参与，其行为违反了《中华人民共和国电力法》和刑法等法律法规的规定。

六、违法建设改造的新立 1 号、新立 2 号电杆及其厂用变压器等辅助设施不满足安全要求

被破坏的 10kV 山农线原 45 号—47 号杆，经私自改造后的新立 1 号、2 号电杆及其线路，未履行申请报批手续，线路路径未经主管部门批准，未经符合资质的设计部门设计，未经符合资质的施工队伍施工，整个施工过程施工人员缺乏安全意识和相应的安全措施。而输电线路施工存在高空作业和高压绝缘施工，属于高危施工行业，必须采取相应的安全制度和安全技术措施才能确保施工过程和线路运维安全。改造所用工程建设的原材料和构件并不能提供证据证明材料合格、符合国家电力设备的标准，属于私自采购。新改造线路电杆，没有在线路运行维护单位备案，没有新增电杆编号，没有安全警示标志，不满足安全要求。

七、私自改造 10kV 山农线 45 号—47 号杆新立的电杆及本段线路建设不符合相关电力建设标准

（一）10kV 山农线属于国家电网管理的国有资产

私自改造 10kV 山农线 45 号—47 号杆，新立 1 号、2 号电杆及本段线路工程未经设计部门前期对沿线的气象、水文、地质等方面状况的收集，水泥杆、导线、绝缘子、金具型号未经专门设计部门设计就投入建设，工程建设未执行输变电工程设计质量管理办法的规定，工程质量存在隐患。

（二）导线、绝缘子、金具产品及水泥杆未经电力公司组织检验，属于私自采购产品

不符合输变电工程通用设计通用设备管理办法的规定。

八、私自改造 10kV 山农线 45 号—47 号杆对供电公司及居民造成经济损失

（一）对供电公司造成的直接损失

对供电公司造成的损失主要是 45 号—47 号杆电力破坏所引起的重新架线费用，其他停电损失费无法详细核实清楚（例如：破坏线路运维人员增加的工资、供电公司售电损失、变电站设备的损害及维修），未计入损失费用。

私自改造 10kV 山农线 45 号—47 号杆，拆除距离约 304m，拆除导线为 $3 \times LGJ - 70$，长度为 $304 \times 3m$，拉线制作安装为普通拉线 70mm²（截面）以内，水泥杆 1 根（46 号杆 190×18m），绝缘子 3 个，横担 1 副。合计损失费用 25235 元。

（二）对用户造成的损失

本案 10kV 山农线涉及的 3882 户居民和 15 个专变用户，没有收到因 45 号—47 号杆电力破坏所引起的损失索赔诉求。

九、私自改造 10kV 山农线 45 号—47 号杆对供电公司安全运行造成的危害及将来改造的损失

（一）改造 10kV 山农线 45 号—47 号杆质量安全存在隐患

输电高压线路专业技术性较强，安全要求高。私自改造 10kV 山农线 45 号 –47 号杆非专业设计和施工，例如：水泥杆、拉线强度需要专业设计人员根据前期气象、水文、地质情况，根据相关规范标准校核计算后才能采用而非杆厂检验合格后就可以直接使用；导线、绝缘子需正规厂家检验合格（甚至力学实验合格）后才可以采用，因此目前私建改造线路缺少这些必要的工程建设环节，运行必然存在安全隐患。

（二）46 号杆地层存在稳定隐患

私自改造 10kV 山农线的新立 1 号杆地形为山坡，地层为黏土夹杂少量碎石块、砾石块，下层为泥岩，受水力作用易产生滑坡。

（三）接入 10kV 电缆安全隐患多

擅自引入 10kV 电源线通过高压电缆接入 10kV 用户变。通过现场勘验，电缆采用开挖填埋敷设方式横穿载重水泥路，电缆过公路不符合《电力工程电缆设计标准》，施工电缆穿越重载道路埋深仅为 0.3m，给电缆运行造成安全隐患。

（四）新改造 10kV 山农线 45 号—47 号杆的费用估算

1. 改造方案

根据现场勘验情况，基本认可 10kV 山农线 45 号—47 号杆进行重新改造的设计方案。

2. 线路改造费用

计算依据：水泥杆及相关设施的工程造价依据《电力建设工程概预算定额使用指南》《20kV 以下配电网工程建设预算编制与计算标准》及相关的计价规定作为本案的计算依据。

设备材料价格执行当期市场价。

3. 改造内容

该工程新增及改造高压线路 535m。该工程新增高压电杆共 4 基，其中 $\phi230×15m$ 电杆 1 基、$\phi230×18m$ 电杆 2 基、$\phi310×15m$ 电杆 1 基。安装拉线 3 套。新增隔离开关 1 组、除 LGJ-70 导线 324m、拆除 70 架空绝缘线 330m、拆装隔离开关 1 组、拆装真空断路器 1 台、拆装计量装置 1 台。拆除 LGJ-35 导线 435m、拆除 LGJ-50 导线 279m、拆除隔离开关 1 组、真空断路器 1 台、计量装置 1 台。

水泥杆及相关设施损失费用核定：

水泥杆及相关设施的工程造价依据新建工程确定。

新改造 10kV 山农线 45 号—47 号杆的合计费用为 50864 元。

鉴定结论

根据本案具体事实，陕西中和司法鉴定中心作出的司法鉴定结论意见是：

某建材公司（法定代表人雷某）私自破坏、改造 10kV 山农线 45 号—47 号杆段电力线路的案件，属于违法行为：

（1）私自建设电力线路，未经主管批准，未经设计部门设计，属于违法建设。

（2）私自改造国有资产电力线路、破坏受保护的电力设施，构成破坏电力设施及危害公共安全的行为。

评析

这是一起典型的人为破坏电力设备，对公共安全构成危害的司法鉴定案。

根据《中华人民共和国电力法》《电力设施保护条例》的有关规定，电力设施受国家保护。禁止任何单位和个人危害电力设施安全或者非法侵占、使用电能。

　　本案涉案的 10kV 山农线属于国家电网公司委托地方供电公司管理的国有资产，由 110kV 某变电站供电，共设电杆 436 基，供电范围包含 13 个村庄 3882 户居民和学校、油井、养猪场、烟花爆竹厂等 15 个专变重要用户。某建材公司为了扩建砂石厂，委托承包工程的雷某等人擅自将早已建成并正常运行的 10kV 山农线 46 号电杆拆除，并利用 10kV 山农线临时停电检修消缺时段，剪断 10kV 山农线 45 号杆—47 号杆电线，在某畜牧科技有限公司养猪场地界内私自设立 1 号、2 号电杆，并将某建材公司厂区自用变压器等电力设备私自接入 10kV 山农线用电行为，严重违反了《中华人民共和国电力法》《电力设施保护条例》的有关规定；私自破坏、改造 10kV 山农线的电力线路及辅助设施，严重影响 13 个村庄 3882 户居民和 15 个专变用户用电安全，属于危害公共安全的违法行为。

　　司法鉴定机构在对本案进行司法鉴定时，发现本案还存在以下问题，需引起相关部门的高度重视：

　　（1）本案存在"边审批边建设"情况。某建材公司在扩建砂石厂时，承包工程的雷某等人曾私下与国网四川省某供电所张某某达成移动 10kV 山农线协议，委托张某某协助办理审批手续。在审批手续未能办理完毕的情况下，雷某等人私自移动了 10kV 山农线 46 号高压电杆，张某某也因涉嫌破坏电力设备被刑事拘留。张某某在公安机关供述：在当地电力公司边做活边办审批手续的情况很普遍，以往好多工程都是边做活边跑手续，没有想到后果有这么严重。

　　（2）本案存在外部人员与电力企业内部人员"内外串通勾结"问题。从委托鉴定机关提供的司法鉴定材料看，本起私自破坏、改造 10kV 山农线 45 号 – 47 号杆段线路案件中，除外部人员雷某等人明显具有未经审批私自破坏、改造 10kV 山农线的电力线路及辅助设施的违法行为外，尚有供电企业的内部人员张某某参与其中，张某某的行为涉嫌以权谋私，违反了《中华人民共和国电力法》《电力设施保护条例》等相关法律规定，构成了执业违法。

　　（3）电力相关部门监督管理工作不到位。为确保电网安全运行，客户迁改申请按照流程经省公司、市公司同意或批准后，应委托有相应资质的设计咨询单位编制迁改方案，市电力经济技术研究所配合。客户委托有相应资质的施工单位实施迁改方案，运维检修机构参与审查施工队伍。而本案涉及的 10kV 山农线 45 号—47 号杆段线路迁改，根本没有按照规定进行，雷某等人私人承揽电缆迁移工程，既未经批准也无相应资质，工程完工后因群众举报才导致案发。

（4）10kV 山农线 45 号—47 号杆段线路私自迁改，造成的安全隐患十分明显。从现场勘查勘验情况看：第一，临时用电所立电杆位置属于易滑坡地段，如遇暴雨导致滑坡、泥石流，必将造成重大人员伤亡或财产损失。第二，所更换的线路材料未经质检部门检验，是否达到相关质量标准不清楚，存在重大安全隐患。第三，砂石厂临时用电所搭电线需跨越公路，是直接埋在公路路面下，采用了软埋方式，不符合电缆埋设的标准。如遇重车长时间碾压，将发生短路或漏电，也存在重大安全隐患。第四，新设立的两根电杆，其中一根设在养猪场里，因防疫要求不便于随时检修，发生故障不能及时修复和处理，可能造成线路跳闸、变电站主变损坏，乃至整个电网瓦解，届时损失不可估量。

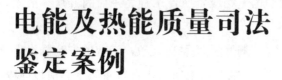

第四章

电能及热能质量司法鉴定案例

一、陕西省某市疙瘩沟村中心台区线路停电原因及责任司法鉴定案

案　情

陕西省疙瘩沟村中心台区南分路线路发生停电，给该村养殖专业合作社造成财产重大损失。该区供电公司为了查找停电原因及责任特提出对该停电进行司法鉴定。

鉴定经过

陕西电力司法鉴定中心的司法鉴定人和鉴定专家深入疙瘩沟村中心台区南分路线路停电事故现场，在各方当事人均在场的情况下，开展了以下司法鉴定工作：

（1）对事故现场及故障点进行查勘。

（2）对供电公司与用户的产权分界点进行查勘。

（3）对疙瘩沟村中心台区配电室及南分路漏电保护器进行查勘。

（4）审查供电公司提供的线路图、停电处理方案、供用电合同、事故抢修照片、线路恢复运行现状照片、《用户用电信息采集系统》数据表、合格证等，并与现场实物相互印证查勘。

（5）查看当地气象局对事故时天气情况的证明。

（6）查看该村村委会证明、供电公司调度所证明。

（7）对相关当事人进行调查询问等。

（8）司法鉴定人、专家认真分析事故原因，并进行会议鉴定讨论，作出鉴定意见。

鉴定分析

一、雷雨大风天气，是引发此次停电事故的原因

（1）根据气象局证明：某区国家气象观测站观测到大风，风速达到12.3m/s，风力六级，同时伴有雷暴天气。这个时间，正与供电公司所提供的《用户用电信息采集系统》数据表显示的养殖户电表掉电时间相吻合。

（2）司法鉴定人、专家现场勘查的疙瘩沟村南分路线路状况为导线为LGJ－25裸导线，导线两旁树枝高过导线达3m以上，水平距离最短在20cm左右，且故障点两旁树木为杨树，枝干较脆，如遇六级大风，即可能刮断树枝，搭挂在裸导线上，再遇雷雨天气，是完全可以引发导线相间短路的。

（3）据供电公司提供的停电事故发生后现场照片说明，当时大风刮断的树枝，搭挂在了导线上。

（4）据供电公司提供的停电事故发生后现场照片说明，搭挂在导线上的树枝引起了导线短路，且发出电弧。

（5）在抢修人员排除了搭挂在导线上的树枝，南分路漏电保护器手动重合成功，恢复运行。

以上情况，说明大风刮断树枝，搭挂在导线上，引起导线相间短路，致线路漏电保护器闭锁，是线路停电的客观原因。

二、从漏电保护器的动作分析停电原因

漏电保护器，是指当电路中发生漏电或触电时，能够自动切断电源的保护装置。经陕西电力司法鉴定中心司法鉴定人、专家现场勘查，该线路配电室安装的漏电保护器为杭州乾龙电器有限公司产品，有产品合格证，符合GB 14048.2—2001《低压开关设备和控制设备　低压断路器》（照片略）。

该漏电保护器上注明：额定剩余动作电流为500mA，也就是说，当线路漏电电流等于或大于500mA时，漏电保护器就会动作，断开电流，这时漏电保护器会按照设定的重合闸延时，进行一次自动重合，如果线路故障未能排除，

则此时线路漏电电流仍然等于或大于 500mA，漏电保护器即再次跳闸，断开电流，并处于闭锁状态，线路停电。

当抢修人员排除了搭挂在导线上的树枝后，人工操作复位成功，漏电保护器处于正常工作状态。由此说明，被大风刮断后的树枝，掉落搭挂在导线上，引起线路漏电电流大于 500mA，使漏电保护器闭锁，线路停电。

三、从高压侧线路正常运行分析，排除了 110kV 线路故障引起该线路停电的可能性

经核查，供电公司电力调度控制中心证明：停电线路附近的 110kV 汽车城变 10kV 186 蜀仓Ⅱ线运行正常，故障录波器未动作，排除了高压侧故障引发该段线路故障的可能。

四、分析用户用电信息采集系统数据

用户用电信息采集系统数据显示，客观反映了该线路停电时间正是国家气象观测站观测到大风，风速达到 12.3m/s，风力六级，同时伴有雷暴天气的时间。

鉴定结论

综上事实，司法鉴定的结论是：疙瘩沟村中心台区南分路线路停电原因系由自然灾害造成，属非人员过错责任事故。

评　析

这是一起自然灾害造成的停电事故司法鉴定案。

自然灾害严重影响着人们的生产和生活。在电力系统发生的自然灾害事故中，由强风暴雷电所引发的电力生产事故，继而引发侵权民事损害赔偿诉讼在司法实践中屡见不鲜。本案就是一起由于自然灾害雷雨大风刮断了树枝，挂在正在运行的电力线路上，从而引发停电事故，造成村民经济财产损失而申请侵权赔偿的司法鉴定案件。

"此次停电事故属无过错责任事故。"

这里需要注意的法律问题是，什么是民法上的无过错责任？什么是法律规定的不可抗力？电力企业在适用无过错责任原则时的免责条款是什么？

我国民法上的无过错责任，也叫无过失责任，是指没有过错造成他人损害，依照法律规定应当承担民事责任的一种法定责任形式。例如："从事高空、高压、易燃、易爆、剧毒、放射性、高速运输工具等对周围环境有高度危险的作业造成他人损害的，没有过错，但法律规定应当承担民事责任；如果能够证明损害是由受害人故意造成的，不承担民事责任。"这是我国法律规定的一种基于法定特殊侵权行为由加害人承担民事责任的特殊归责原则，其目的在于保护受害人的合法权益，有效弥补受害人因加害人的特殊侵权行为给其造成的经济财产损失。

无过错责任原则的适用，无疑加大了电力企业的赔偿责任。在这种严格责任原则下，不可抗力的适用无疑成为减轻电力企业赔偿责任的重要法律根据。只要能够证明损害是因受害人故意或者不可抗力造成的，不承担责任。受害人对损害的发生有过失的，可以减轻经营者的责任。一是不可抗力；二是受害人以触电方式自杀、自伤；三是受害人盗窃电能，盗窃、破坏电力设施或者因其他犯罪行为而引起触电事故；四是受害人在电力设施保护区从事法律、行政法规所禁止的行为。这些无疑为正确处理电力侵权损害赔偿案件提供了法律依据。

二、浙江省某风机风冷设备有限公司的一次风机风量、风压等技术指标是否达到要求司法鉴定案

案情简介

原告浙江省某风机风冷设备有限公司因与被告新疆某热电有限公司买卖合同纠纷一案，诉至新疆某法院，请求判令被告支付拖欠的货款86万余元及银行同期贷款利息。诉讼过程中双方当事人对风机风量、风压等技术指标是否达到合同要求，以及未达到合同要求给被告造成的经济损失额等发生争议，被告向人民法院提出了进行司法鉴定的请求。为此，新疆某人民法院委托陕西电力司法鉴定中心对涉案的以下事项进行司法鉴定：

（1）对某风机风冷设备有限公司的一次风机风量、风压等技术指标是否达到《锅炉一次风机设备买卖合同》及《锅炉一次风机技术协议》约定的要求进行司法鉴定。

（2）对因一次风机技术指标未达到约定要求，给申请人造成的损失额进行

司法鉴定。

鉴定经过

陕西电力司法鉴定中心接受委托后派出的司法鉴定人和司法鉴定专家赴新疆某热电有限公司 1 号发电机组锅炉 A 侧一次风机现场，在法官和浙江某风机风冷设备有限公司人员均在场的情况下，开展了以下司法鉴定活动。

一、召开现场勘查前协调会

在委托人主持下进行勘查勘验前协调会。主要明确：测试对象；测点形式、数量、位置；测试过程；测试参数。决定在当地大气环境、现场、机组热态运行方式下进行鉴定。

二、现场确定测点加装的具体位置

各方人员现场确定试验测点加装具体位置、数量、方式；临时照明和脚手架及平台搭建位置、形式，为测试做准备。

三、准备实验仪器和仪表并现场测试

2015 年 12 月 29 日至 30 日，陕西电力司法鉴定中心司法鉴定人、司法鉴定专家对 1 号机组 A 侧一次风机进行现场测试。试验前准备测试仪器和仪表、测试风机进口静压、温度，测试风机风量。

四、司法鉴定专家查阅相关技术资料

司法鉴定人、司法鉴定专家调阅由浙江某风机风冷设备有限公司提供给新疆某热电有限公司一次风机的总装配图及所用参考文献。

鉴定分析

一、试验对象：新疆某热电有限公司 1 号机组锅炉 A 侧一次风机（简称风机，下同）；试验状态：当地大气环境、现场、机组热态运行方式下进行。

二、试验风机界限：风机进口法兰面（即风机调节门进口法兰）至风机出口法兰面。

三、试验过程：按 280MW、300MW、330MW 三个稳定负荷点依次测试；风机实测的各气动参数换算至设计状态（简称试验参数，下同），以便与设计参数进行比较。

四、试验工况的调整、运行由某热电有限公司运行人员按相应的运行规程进行。

五、试验期间机组运行安全、稳定，主要热力参数基本正常。

六、试验实测参数与表盘主要数据汇总。

锅炉 A 侧一次风机热态试验实测数据与表盘主要数据汇总

序号	名称	单位	数值		
			工况 1	工况 2	工况 3
1	负荷	MW	279.52	299.46	329.61
2	蒸汽流量	t/h	837.91	896.12	994.70
3	炉膛负压	Pa	−39.46	−34.02	−42.53
4	总煤量	t/h	130.86	141.11	155.00
5	风机进口挡板门开度	%	46.62	45.04	45.06
6	风机电动机电流	A	129.73	128.68	128.49
7	风机电动机输入功率	kW	1224.00	1224.00	1248.00
8	磨煤机运行方式	/	A/B/C/D		
换算到设计状态					
9	设计密度	kg/m³	1.197		
10	流量	m³/s	47.77	47.85	48.85
11	时流量	m³/h	171963.7	172260.14	175843.03
12	全压	Pa	13217.14	13324.29	13566.60

七、风机性能考核参数：风机进口温度 20℃、进口密度 1.197kg/m³、风量 45.07m³/s（162266m³/h）、全压 13756Pa。

八、在工况 3 时风机的气动参数达到最大值，进口密度 1.197kg/m³、风量 48.85m³/s（175843m³/h）、全压 13566.60Pa，误差为−1.38%，在《技术协议》规定的 0～−2%范围内。此工况电动机的输入功率为 1248kW，几乎达到电动机的额定功率（1250kW），为了确保设备的安全不允许再增加风机的出力。

九、风机气动试验参数与设计参数相比较，风量、全压达到了《技术协议》中设计值；故不涉及给申请人造成的损失进行鉴定。

十、在试验工况时风机的入口调节风门开度为 45%，若风机的电动机输入功率还有富裕量，风机的出力还会增加。

十一、风机的选型参数（TB 工况）是锅炉在最大连续出力（BMCR 工况）时所需风量及系统总阻力的基础上再加一定裕量确定的，在此参数的基础按 DL/T 468—2004《电站锅炉风机选型和使用导则》规定进行风机及所配电动机型号选型。

十二、风机气动参数裕量的选取

（一）风机的运行地年环境气温差异很大，从《技术协议》中看到年极端最高气温 42.2℃、最低气温 −39.8℃，风机风量裕量计算时不仅只考虑基本裕量，还需另加温度裕量。温度裕量为 $K_t = (273 + 42.2) / (273 + 20) = 1.076$，总的裕量不少于 $K_Q = 1.35 \times 1.076 = 1.452$。按上述标准风机 TB 工况风量 $\geqslant 1.452 \times 45.07 = 65.45 \text{m}^3/\text{s}$（235636.42$\text{m}^3$/h）。

（二）全压裕量不小于 $K_P = 1.3$ 计算，此工况风机 $\geqslant 1.3 \times 13756 = 17883$（Pa）。

（三）风机电动机额定功率计算表：

风机电动机额定功率计算表

序号	名称	单位	数值
1	风量	m^3/s	65.45
2	全压	Pa	17882.8
3	风机机械效率	%	96.05
4	风机效率（估取值）	%	82
5	风机压缩修正系数		0.9516
6	风机有效功率	kW	1358.43
7	风机轴功率	kW	1414.3
8	电动机富裕量		1.15
9	风机所需功率	kW	1626.44
10	电动机额定功率	kW	$\geqslant 1626.44$

十三、以《技术协议》中风量、压力参数计算裕量系数，风量裕量系数 $K_Q = 194719/162266 = 1.2$。全压裕量系数 $K_P = 16507/13756 = 1.2$。

鉴定结论

最终鉴定结论是：一次风机风量、风压技术指标达到《一次风机设备买卖合同》及《技术协议》约定的要求。

评 析

这是一起一次风机风量、风压等技术指标是否符合当事人合同约定司法鉴定案。

本案原告浙江某风机风冷设备有限公司与本案被告（反诉原告）新疆某热电有限公司签订了《锅炉一次风机设备买卖合同》及《锅炉一次风机技术协议》，约定由某风机风冷设备有限公司向某热电有限公司提供规格型号为6-29N023F 的锅炉一次风机 4 台（套），并于之后签订了《工业产品购销合同》，由原告向被告出售轴承、膜片联轴器等风机设备。上述合同总价款为 265 万元，被告共向原告只支付了 1785800 元，剩余货款 864200 元未付。

原告风机风冷设备有限公司向人民法院提起民事诉讼，请求判令被告热电有限公司支付拖欠的货款 864200 元及银行同期贷款利息。被告热电有限公司提出反诉，认为反诉被告风机风冷设备有限公司在履行双方当事人签订的合同时存在严重违约行为：一是所提供的风机风压不符合合同约定，无法达到约定之技术参数要求；二是设备清单与安装图纸不符，造成设备部件损坏；三是履行迟延；四是未履行调试、运行至合格并完成交付之义务；五是未按照合同约定，履行修理、重做、更换义务。故请求判令被告风机风冷设备有限公司履行《锅炉一次风机设备买卖合同》之修理、重做或更换义务，使反诉被告所提供之设备符合《锅炉一次风机设备买卖合同》《锅炉一次风机技术协议》及全部附件约定之标准；同时请求判令反诉被告赔偿原告各项损失总计人民币 924000 元，并承担本案诉讼费、保全费、鉴定费等费用。

由于当事人提出的"一次风机风量、风压等技术指标是否达到《锅炉一次风机设备买卖合同》《锅炉一次风机技术协议》的要求"属于专业技术性比较强的问题，不属于人民法院审理民事案件判断的范畴，故人民法院根据当事人的申请以及审判案件的实际需要，委托具有专门专业技术知识的陕西电力司法鉴定中心对上述专业技术问题进行专门司法鉴定。

陕西电力司法鉴定中心接受司法鉴定委托后，本着科学、客观、公正的原则，在人民法院法官和双方当事人共同参与的情况下，对热电有限公司 1 号机组锅炉 A 侧一次风机在当地大气环境、机组热态运行方式下进行了现场测试。

测试过程中，按 280MW、300MW、330MW 三个稳定负荷点依次测试，风机实测的各气动参数换算至设计状态与设计参数进行比较。陕西电力司法鉴定中心的最终鉴定结论是：一次风机风量、风压技术指标达到《锅炉一次风机设备买卖合同》及《锅炉一次风机技术协议》约定的要求。以上司法鉴定结论，为人民法院依法审理双方当事人之间的争议提供了科学的专业技术鉴定证据。

三、河南省某职业技术学院校门外路灯杆漏电致人死亡司法鉴定案

案　情

　　河南省某职业技术学院 5 名学生在返校途中，路过校门外开发区公路边路灯（照明电）附近的积水处，均有触电感觉，并造成一名学生严重触电后趴在水中，经抢救无效死亡。经医院初步诊断为触电身亡，公安部门也在第一时间进行了调查取证。

　　为了查找原因、落实责任，职业技术学院委托陕西电力司法鉴定中心对职业技术学院校外人身触电死亡事件中涉案路灯杆及其附属设施有无漏电进行司法鉴定。

鉴定经过

　　陕西电力司法鉴定中心接受委托后，司法鉴定人和鉴定专家赴河南省某职业技术学院案发现场，在职业技术学院保卫处、消防治安科负责人、职业技术学院教师、市经济开发区公安分局警官、市经济开发区路灯管理所员工等在场的情况下，开展了以下司法鉴定工作：

　　（1）对涉案的有关单位及人员进行询问调查。

　　（2）对涉案事故现场及故障点进行勘查勘验。

　　（3）查阅涉案有关单位视频、笔录等的原始记录及有关资料。

　　（4）查看公安机关视频及调查取证材料。

　　（5）对涉案的路灯杆现场模拟试验和检测。

鉴定分析

一、检测工具可用性验证

陕西电力司法鉴定中心司法鉴定人和鉴定专家到职业技术学院北大门学院配电室，向有关人员展示检测工具的性能，证明用于鉴定的仪器仪表处于合格可用状态。

二、积水深度判断

根据监控视频资料，显示学院北大门西侧路灯柱附近案发时的积水达到案发现场停泊小汽车轮胎的中心位置，经测量雨水深度为 32cm，积水深度水平位置与路灯配电窗口保护罩下沿基本持平。路灯柱和接线盒保护罩底部没有用沥青完全封闭，且保护罩四角只有一个螺丝有效固定、完全可以人为轻易转动开启，现场看到保护罩内存有各种垃圾。在一定扰动情况下（比如汽车驶过造成的波澜）积水完全可以灌进保护罩内的接线盒。

三、涉案路灯杆检查及测试

（一）外观检查

因路灯管理所不能提供电气接线图，在无电情况下，打开路灯杆保护罩盖板，观察到其内部有路灯连接线与磁芯保险盒和空气开关，检查发现磁芯保险盒和空气开关没有固定支撑，靠连线支撑在灯柱壳体内，地线、火线交织缠绕，接线工艺极不规范。磁芯保险盒和空气开关悬挂位置距地表面约 45cm，仔细观察磁芯保险盒进线侧留有明显的曾经放电碳化黑色痕迹，进线裸露部分为 8mm，并有断股铜线一根翘起；取下磁芯保险以便测试及观察型号，用钳形仪器测试，磁芯保险不通，没有电阻值显示。

（二）涉案路灯杆漏电检查

送上电源后，涉案路灯杆顶部的 13 盏灯全部发光点亮。采用验电设备检测接线盒内磁芯保险两端和空气开关，验电器开始闪红光并伴有刺耳响声，表明磁芯保险两端和空气开关均有电压；对路灯杆外壳、灯柱接线盒护罩和公安天网光线电缆护管分别测试，同样验电器开始闪红光并伴有刺耳响声，存在 220V 交流电压，显然火线与路灯杆金属壳体已经碰触在一起。不符合有关技术规程规定要求。

（三）进一步的试验

为了准确判断漏电原因还进行了一次短路试验，瞬间空气开关在短路电流作用下迅速跳开，灯杆顶部13盏灯全部熄灭，证明空气开关断路保护功能正常。

当再次合上空气开关后，灯柱上的13盏灯全部亮起来，再次测试路灯杆、接线盒护罩和公安天网光纤电缆护管均确无电压显示，对路灯接线盒内磁芯保险两端进行测试，电源进线端显示确有电压，而多根引出线端确无电压，表明多根引线与灯柱本体接触点已断开。

（四）周边电源的检查

在有电情况下，经多点测试显示，表明黑色金属支架没有电流、电压泄露现象，也表明相邻的公安天网光纤电缆接线盒及保护铁管没有电流、电压泄露现象。

（五）监控视频资料

根据视频资料显示，案发时恰逢公交车通过积水区边沿，激起的波浪积水灌入涉案路灯杆保护罩内的配电系统，导致配电系统漏电或火线直接碰触路灯杆的金属壳体。

四、分析

根据上面的检查及测试，可以判定：涉案路灯杆内部配电系统存在严重问题，在一定条件下220V火线与路灯杆金属壳体发生了直接碰触，这种碰触是不稳定的，后期现场的短路试验使这种不稳定的碰触暂时断开。案发时，驶过积水区边沿的公交车激起的波浪灌入涉案路灯杆的配电系统，触发了上述碰触并导致案件突发。

鉴定结论

（1）涉案路灯杆无有效的漏电保护措施，不符合技术规程的要求。

（2）涉案路灯杆配电系统配线及安装极不规范，存在安全隐患。

（3）暴雨时驶过的公交车造成的积水波浪的灌入触发了此碰触点漏电，导致积水带电，是造成触电死亡案发生的原因。

评　析

近年来，因电力线路老化、设备年久失修，农村用电设施安装不规范，未安装漏电保护器或漏电保护器失效等原因而引发的电力人身损害伤亡事故频发，应当引起社会的高度关注。本案就是一起发生在城乡公共区域内，因天降大雨路面积水较深，公路旁的公共照明设施路灯杆漏电，致过路行人触电身亡的电力人身损害伤亡事故案。

电力设施涉案路灯杆的安装存在重大瑕疵，其教训有关单位应该重视，采取措施，弥补供电设备管理存在的问题，保障供用电安全。

一、涉案路灯杆无有效的漏电保护措施

为了保证国家和地方电网供用电安全和人身安全，国家技术监督主管部门强烈要求用户必须安装末级漏洞保护器和系统总保护器或分支漏电保护器，目的是防止低压电网剩余电流造成人身财产危害，提高电网供用电可靠性和安全性。

漏电保护器俗称漏电开关，是用于在电路或电器绝缘受损发生对地短路时防人身触电和电气火灾的保护电器。按照国标《漏电保护器安装和运行》《农村低压电力技术规程》规定，公共场所的通道照明、应急照明，是必须安装漏电保护器（漏电开关）的设备和场所。安装完成后，还要按照《建筑电气工程施工质量验收规范》中"动力和照明工程的漏电保护器应做模拟动作试验"的要求，对完工的漏电保护器进行三次及以上试验，其灵敏度和可靠性得到保证后方可正式投入使用。漏电保护器运行期间，除了做好定期的维护外，还应定期对漏电保护器的动作特性（包括漏电动作值及动作时间、漏电不动作电流值等）进行试验，判断其质量与安装初始时的数值有无变化。漏电保护器一旦损坏不能使用时，应立即请专业电工进行检查或更换。本案中职业技术学院外路灯杆的安装使用并不符合国家相关规范要求，无有效的漏电保护措施，以致发生因天降大雨路面积水较深，公共照明设施路灯杆漏电，过路行人触电身亡的电力人身损害伤亡事故。

二、涉案路灯杆配电系统配线及安装极不规范，存在安全隐患

从现场勘验检测情况看，涉案路灯杆保护罩内的配电接线凌乱，严重不规范，磁芯保险盒和空气开关没有固定支撑，靠连线支撑在灯柱壳体内，地线、火线交织缠绕，接线工艺极不规范。

三、涉案路灯杆配电系统火线与路灯杆金属壳体间存在不稳定的直接碰触点

此碰触点漏电导致积水带电，是本案发生人身触电伤亡事故的根本原因。

随着电网改造的不断深入和完善，电力企业的资产分布越来越广，涉及的用户越来越多，面临的安全风险也越来越大。虽然国家每年投入大量资金用于城乡电网改造，但广大农村尤其是偏远落后地区的供电线路和设施仍维持较低水准，农村的电力线路仍以架空为主，布线不规范，没有安装必要的电涌保护设备，日常维护检查不到位，成为电力人身伤害事故频发的重大隐患。

四、河南省某市住宅小区内变压器、电缆及其附属设施是否漏电司法鉴定案

案情简介

原告胡某路过河南省某市一住宅小区内变压器附近时，被运行在变压器附属电杆中的电流击伤导致昏迷，倒在变电站旁，后经家属送医院抢救治疗。此后，胡某向人民法院提起民事诉讼，请求判令被告河南省电力公司某供电公司赔偿其医疗费、护理费、营养费、伙食补贴、误工费等费用。

案件审理期间，人民法院委托陕西电力司法鉴定中心对以下涉案事项进行司法鉴定：

（1）对住宅小区内变压器、电缆及附属设施是否符合国家标准及技术规范进行鉴定。

（2）对住宅小区内变压器、电缆及附属设施绝缘程度进行鉴定。

（3）对住宅小区内变压器、电缆及附属设施是否发生过漏电、放电现象进行鉴定。

鉴定经过

司法鉴定人和司法鉴定专家先后赴案发现场，在委托人、原告委托代理人、被告委托代理人及案件证人等人均在场的情况下，开展了以下司法鉴定工作：

（1）向法官、原告家属及代理人、被告代理人展示勘验使用的仪器和工具。

（2）对涉案电力设施逐项进行了验电检测。

（3）对10kV变压器台架、变压器和电缆及附属设施现状进行勘查拍照。

（4）让现场目击证人对原告倒地位置进行指证。

（5）对原告代理人和原告家属、目击证人进行调查询问。

（6）对被告某供电公司及委托代理人进行调查询问。

（7）查阅涉案有关单位视频、笔录等原始记录及有关资料。

（8）司法鉴定人及专家勘验过程及现场提取的图片。

鉴定分析

一、实测 10kV 输电线 7-1 号配变台架高度为 3.18m。

经阅看资料、图片，询问相关人，实地检测等认定下列事实：低压侧熔断器在配变台架 3.18m 以上，高压侧熔断器在电缆杆顶端。

二、10kV 输电线配变台架变压器规格型号 SBH15-M-315/10 节能变压器，避雷器型号为氧化锌避雷器。

三、10kV 输电线 7-1 号配变台架变压器中性点引下线和接地引下线为 JKLYJ-35/0.4 型绝缘架空铝芯导线，接地极以上线为 ϕ 12 圆钢。

四、变压器台架两个接地引下线与接地极上引线 ϕ 12 圆钢紧密连接各项及其他接线的连接均紧密可靠。

五、10kV 输电线 7-1 号杆电缆避雷器接地极电阻值实测值为 1.2Ω。

六、原告受伤倒地位置不是诉状中称为"变电站"旁边，而是垃圾箱偏北 10kV 电缆支架杆旁边。

七、10kV 输电线 7-1 号配变台架、变压器、电缆及附属设施，在事发一年内供电公司没有进行过预防性试验、检修和设备更换、整改。

八、10kV 输电线 7-1 号配变台架及 10kV 电缆杆的设计、施工符合中华人民共和国行业标准和规程规定。

九、10kV 输电线 7-1 号配变台架、变压器、电缆及附属设施绝缘程度良好、没有发现漏电疑点，案发后未发生停电故障、供电安全可靠。

十、原告实属触电灼伤

（1）依据原告方提供的监控视频录像部分截屏，看出 10kV 输电线 7-1 号配变台架变压器、电缆杆附近有疑似短暂的弧光放电现象，这和公安机关对魏某、马某的询问笔录吻合，但由于本次勘验不是第一时间，所以不能判断具体位置。

（2）从原告提供的图片看，原告右前臂重度电击伤是因原告右手直接接触到高电压电场，但这并不能确认触电就是发生在本次勘验地。

（3）不排除原告违反电力设施保护条例"禁止攀登、高压危险"警示条款，擅自攀爬 10kV 电缆杆，触电后掉落在地上。

鉴定结论

（1）河南省某供电公司 10kV 输电线 7-1 号配变台架、变压器、电缆及附属设施符合国家相关规范。

（2）设备绝缘状态良好、运行正常，推测事发当时设备不存在漏电问题。

（3）原告触电灼伤与上述设施可能存在的漏电假设之间没有因果关系。

评　析

这是一起发生在住宅小区内的行人被高压电击伤司法鉴定案。

经查，河南省电力公司某供电公司 10kV 输电线 7-1 号配变台架实测高度为 3.18m，低压侧熔断器在配变台架 3.18m 以上。10kV 输电线 7-1 号配变台架、变压器、电缆及附属设施绝缘程度良好、没有发现漏电疑点。

另查，10kV 输电线 7-1 号配变台架及 10kV 电缆杆的设计、施工符合中华人民共和国电力行业标准的规定，实测 10kV 输电线 7-1 号配变台架高度为 3.18m。

现场熔断器、避雷器、变压器的连接均采用绝缘导线与接线柱连接，变压器高压桩头 A、B、C 三相均用绝缘护罩包裹密封，符合中华人民共和国电力行业标准的规定。

现场 10kV 输电线 7-1 号配变台架变压器低压侧中性点引线、接地引线为绝缘架空铝芯导线，共同与变压器外壳接线端螺丝紧密连接可靠，符合中华人民共和国电力行业标准的规定。

从原告提供的图片及相关医疗机构出示的诊断证明看，原告右前臂所遭受到的损害确属触电灼伤，符合曾遭受重度电击伤的医学特征。依据原告方提供的部分监控视频录像截屏，证明 10kV 输电线 7-1 号配变台架变压器、电缆杆附近有疑似短暂的弧光放电现象，这和某市公安局某分局对证人魏某、马某的询问笔录吻合，证明原告受伤倒地的位置不是诉状中所称"变电站"旁，而是垃圾箱偏北 10kV 电缆支架杆旁。原告右前臂所遭受的重度电击伤，是由于原告右手直接接触到了高电压电场，不排除原告违反电力设施保护条例，擅自攀爬 10kV 电缆杆，以至触电后掉落在地之情形。

陕西电力司法鉴定中心的最终鉴定结论是：河南省某供电公司 10kV 输电线 7-1 号配变台架、变压器、电缆及附属设施符合国家相关规范；事发当时设备不存在漏电问题；原告触电灼伤与上述设施可能存在的漏电假设之间没有因果关系。

第五章

电力环境污染及电磁环境
影响司法鉴定案例

一、湖北省某架空输电线路电磁辐射对原告的身体能否造成伤害司法鉴定案

案情简介

村民彭甲某等 5 人向法院起诉称："自被告湖北省某供电公司架空输电线路架设以来，原告及其家人头疼、不安等症状日趋明显，家用电器无法正常使用，房屋无法居住，请求法院判令被告支付其拆迁赔偿款等。"人民法院在案件审理中认为原告、被告均无证据证明各自观点，特委托陕西电力司法鉴定中心对以下涉案事项进行司法鉴定：

（1）涉案架空输电线路的安装是否符合规范，导线与原告房屋之间的实际垂直距离，边导线与原告房屋之间的净空距离是否符合规定。

（2）涉案架空输电线路的电磁辐射对原告的身体能否造成伤害。

（3）涉案架空输电线路正常运行状态下的噪声是否符合户外噪声标准。

鉴定经过

陕西电力司法鉴定中心的司法鉴定人和鉴定专家赴案发地，在人民法院法官、彭甲某等 5 名原告及其委托代理人、被告供电公司工作人员及其委托代理人均在场的情况下开展了司法鉴定工作：

召开司法鉴定协调会，组织司法鉴定人、专家认真查阅分析送检材料。

开展调查询问和现场勘验，先后调查询问原告及委托代理人，调查询问被告委托代理人，测量涉案架空输电线路的导线与原告房屋之间相关距离参数，测量涉案现场电磁场，测量现场噪声相关数据、参数。

依据国家相关法律法规、标准、规范对采集的数据参数进行分析，形成司法鉴定意见。

鉴定分析

一、查阅分析送检材料

通过查阅供电公司提供的《220kV 输变电工程（部分）建设项目竣工环境保护验收调查表》《某牵引站 220kV 供电电源工程环境影响报告表》《湖北省电力公司关于印发某牵引站 220kV 供电电源工程可行性研究报告审查意见的通知》《关于某牵引站 220kV 外部供电工程初步设计的批复》等文件及《某供电公司输变电工程设备生产验收表》等送检材料，证明涉案架空输电线路（220kV）的安装、施工，业经被告供电公司的上级主管部门工程验收合格。

二、勘查涉案架空输电线路相关参数（略）

三、测量导线与原告房屋之间的距离

（一）现场测量情况

被告架空输电线路由东向西偏南从该村五组街道上空跨过，该线路铁塔位于该村五组街道的东侧农田中。架空输电线路分别从原告赵某某等三名原告的房屋上空跨过，从彭甲某等两名原告的家旁经过。

（二）导线最大弧垂计算

测算核对导线对跨越物间距和导线可能发生的最大垂直弧垂，包括最高气温时和最大垂直载荷时（覆冰）两种极端条件下的弧垂，以便计算出导线与原告房屋的间距。

（三）结论

经测量、计算，5 家原告房屋距离导线的最小垂直距离和净空距离均满足标准规范要求。

四、涉案架空输电线路的电磁环境

（一）监测标准与方法

1. 电磁环境控制限值

依国家标准 GB 8702—2014《电磁环境控制限值》执行。

2. 交流输变电工程电磁环境监测方法

按照 HJ 681—2013《交流输变电工程电磁环境监测方法》执行。

（二）监测仪器

使用德国 NARDA－NBM550 型电磁辐射分析仪，配备 EHP50D 型探头，可测量频率范围 5Hz－100kHz 的电场强度和磁感应强度。

型号：主机 NBM550 型，探头 EHP50D

测量范围：电场 0.01V/m～100kV/m，磁场：1nT～10mT

频率范围：5Hz～100kHz

仪器编号：主机 E－1037，探头 230WX30224

计量检定证书编号：XDdj2015－3719

（三）监测时间

监测时间选择上午 10:08－11:30，天气晴，温度－2℃。

（四）监测点位

监测点位布设详见电场、磁场监测点布设一览表。

电场、磁场监测点布设一览表

序号	监测点	说明	监测因子
1	彭甲某家 1	位于彭甲某家东门外空地，高压线下方	工频电场、工频磁场
2	彭甲某家 2	位于彭甲某家二楼东侧房间内，临近窗户	工频电场、工频磁场
3	彭甲某家 3	位于彭甲某家二楼阳台上，阳台为半封闭式	工频电场、工频磁场
4	彭乙某家 1	位于彭乙某家东门外空地	工频电场、工频磁场
5	彭乙某家 2	位于彭乙某家二楼阳台上，阳台为敞开式	工频电场、工频磁场
6	赵某某家 1	位于赵某某家东门外空地偏北，高压线下方	工频电场、工频磁场
7	赵某某家 2	位于赵某某家东门口外	工频电场、工频磁场
8	彭丙某家 1	位于彭丙某家屋外东北空地上	工频电场、工频磁场
9	彭丙某家 2	位于彭丙某家二楼北侧房间内	工频电场、工频磁场
10	彭丁某家 1	位于彭丁某家屋外东侧空地上，高压线下方	工频电场、工频磁场
11	彭丁某家 2	位于彭丁某家二楼外阳台上，阳台为敞开式	工频电场、工频磁场

（五）监测结果

监测结果见电场、磁场监测结果一览表。

电场、磁场监测结果一览表

序号	监测点	工频电场强度（V/m）	工频磁感应强度（μT）	备注
1	彭甲某家 1	76.92	0.3013	户外
2	彭甲某家 2	0.4914	0.3986	室内
3	彭甲某家 3	7.912	0.4245	二楼半封闭式阳台
4	彭乙某家 1	55.24	0.2499	户外
5	彭乙某家 2	116.5	0.3464	二楼敞开式阳台
6	赵某某家 1	112.7	0.3874	户外线下
7	赵某某家 2	70.46	0.3734	户外
8	彭丙某家 1	29.05	0.2729	户外
9	彭丙某家 2	3.030	0.2694	室内
10	彭丁某家 1	138.8	0.3746	户外线下
11	彭丁某家 2	377.2	0.4801	二楼敞开式阳台

（六）结论

监测结果是涉案架空输电线路正常运行情况下，原告所处各监测点位的工频电场强度和工频磁感应强度均小于（50Hz）公众曝露控制限值 100μT 的标准限值要求。

五、涉案架空输电线路的噪声

（一）标准、方法

鉴于涉案架空输电线路处于某村五组，根据该市环境保护局就该架空输电线路的环境影响评价执行标准复函，涉案架空输电线路附近原告所处的噪声监测标准与方法采用 GB 3096—2008《声环境质量标准》。

（二）监测仪器

使用丹麦 B&K2250 型声级计。

型号：2250 型

测量范围：120dB 动态范围

频率范围：3Hz～20kHz

仪器编号：2754216

计量检定证书编号：ZS20151111J

（三）监测时间

昼间监测时间为 11:45－12:30，夜间监测时间为 22:00－22:30。

（四）监测点位与监测结果

监测点位与监测结果见噪声监测点位及测量结果一览表。

噪声监测点位及测量结果一览表

序号	监测点	昼间 dB（A）	夜间 dB（A）	说明
1	彭甲某家 1	42.0	35.8	东门外空地，高压线下方
2	彭甲某家 2	49.9	43.1	二楼东侧房间内，监测时，窗户打开状态
3	彭甲某家 3	44.4	36.4	二楼阳台上，半封闭式
4	彭乙某家 1	47.9	44.6	东门外空地
5	彭乙某家 2	48.0	44.1	二楼阳台上，阳台为敞开式
6	彭乙某家 3	/	39.2	二楼北侧房间内，监测时，窗户关闭状态
7	赵某某家 1	49.8	37.0	东门外空地，高压线下方
8	赵某某家 2	43.3	39.1	东门口外
9	赵某某家 3	/	37.6	室内堂屋
10	彭丙某家 1	44.1	41.4	屋外东北空地上
11	彭丙某家 2	48.6	41.3	二楼北侧房间内，监测时，窗户打开状态
12	彭丁某家 1	47.4	36.2	屋外东侧空地上，高压线下方
13	彭丁某家 2	42.3	39.1	二楼外阳台上，阳台为敞开式
14	彭丁某家 3	/	36.1	二楼北侧房间内，监测时，窗户关闭状态
15	彭丁某家 4	43.3	35.9	屋外西侧空地上

（五）结论

各监测点位的噪声值满足 GB 3096—2008《声环境质量标准》的要求。

鉴定结论

涉案架空输电线路安装符合《110～750kV 架空输电线路设计规范》国家标准，5 家原告房屋距离涉案架空输电线路的最小垂直距离和净空距离均满足该规范要求。

原告所处各监测点位噪声满足 GB 3096—2008《声环境质量标准》。

评　析

近年来，随着我国城镇化建设步伐的加快，城市的规模越来越大，与城市相匹配的高压输电线路的敷设越来越多，输电线路与居民区之间的距离越来越近，人们开始关注电力设施对其身体健康的影响。本案就是一起由于架空输电线路的敷设，当地村民提出架空输电线路距离其居住的房屋过近，电磁辐射和噪声影响其身体健康，从而向人民法院起诉，要求电力企业承担民事侵权损害赔偿责任的案件。

湖北省某市人民法院委托陕西电力司法鉴定中心对涉案的 220kV 架空输电线路的安装是否符合规范，架空输电线路的电磁辐射、噪声对原告的身体能否造成伤害等进行司法鉴定。

陕西电力司法鉴定中心使用了目前国内比较先进的科学仪器，运用科学的检测方法，对本案开展了司法鉴定工作。

（1）认定涉案导线与原告房屋之间的距离符合国家标准。

根据 GB 50545—2010《110～750kV 架空输电线路设计规范》第 13.0.4 条规定，220kV 导线与建筑物之间的最小垂直距离不小于 6m，220kV 导线与建筑物之间的净空距离不小于 5m。检测结果显示，5 家原告房屋距离导线的最小垂直距离和净空距离均满足标准规范要求。

（2）认定涉案架空输电线路的电磁环境符合国家规定的标准。

（3）认定涉案架空输电线路的噪声符合国家规定的标准。

随着国家经济建设的发展和科学技术的进步，国家对电力建设规划、电力建设技术规范、环境保护等方面都提出了新的更加严格的要求。如规划新建66kV 及以上高压架空电力线路不应穿越城市中心地区或重要风景旅游区，不应在城市中心地区、高层建筑群区、市区主干道、繁华街道等处建设；架空线穿越居民区或跨越房屋时，必须有导线对地面最小距离 7.0m（110kV）/7.5m（220kV）、导线与建筑物之间最小垂直距离 5.0m（110kV）/6.0m（220kV）以及边导线与建筑物之间最小水平距离 410m（110kV）/510m（220kV）的限制；500kV 线路禁止穿越居民区或跨越房屋，其边导线垂直投影下两侧 5m 范围内房屋必须拆迁，若在建设中无法避开居民区，可以考虑铺设地下电缆；对输电线路电磁辐射防治，可以采取尽可能远离或避开居民区、环境敏感区，在线路设计中严格按规程执行，选用适当塔型、塔高，以尽量减少路径走廊宽度及降低线路走廊下的电磁场强度，选用噪声水平达到国家规定允许范围内的设备降低噪声等。电力企业必须严格遵守，为全社会提供更加安全可靠的电力能源服务。

二、甘肃省某村村民房屋所处环境中噪声是否符合标准司法鉴定案

案　情

甘肃省某县法院在审理原告韩某、张某诉被告某电力公司、某送变电工程公司、某电力设计院有限公司等消除危险纠纷一案中，根据当事人申请，委托陕西电力司法鉴定中心对某 750kV 输电高压导线与原告韩某房屋之间的最小垂直距离、最小净空距离和水平距离（包括最大风偏水平距离）进行测量鉴定；对原告韩某某房屋所处环境中，距地面 1.5m 高处工频电场强度进行测量鉴定；对涉案 750kV 输电高压导线正常运行情况下，噪声是否符合相应声环境功能区环境噪声限值标准进行测量鉴定。

鉴定经过

陕西电力司法鉴定中心受案后组织专门司法鉴定工作小组到涉案现场，在法院法官及当事人在场的情况下，开展调查询问和现场勘验。

（1）测量涉案架空输电线路的导线与原告房屋之间相关距离参数。

（2）测量涉案现场工频电场、噪声相关数据、参数。

鉴定分析

一、查阅分析送检材料

通过查阅输变电工程环境影响报告书输变电工程项目核准的批复、输变电工程项目核准初步设计的批复、输变电工程建设项目竣工环境保护验收调查表和环境影响报告书及相关拆迁协议等材料，以确认该项工程的合法性。

二、涉案架空输电线路相关参数

根据输变电工程项目核准初步设计的批复，查找确认输变电工程项目各种相关参数是否符合标准，以确认该工程的合规性。

涉案架空输电线路基础数据表

线路名称	750kV ××东 – ×× – ××线路
电压等级	750kV
架设方式	单回架设
导线型号	LGJ – 400/50（10mm、15mm 冰区）、JLHA1/G1A – 465 – 54/7（25mm 冰区）
相导线	每相六分裂，分裂间距 400mm
地线型号	GJ、OPGW
塔型	7TB – 7A2 – JC3 型
塔位	××
呼高	42m

测量时气象参数表

天气	气温（℃）	湿度（%）	大气压（hPa）	风速（m/s）
多云	17.1～20.8	60～73	840	0～1.7

三、测量导线与原告房屋之间的距离

（一）现场勘查情况

勘查现场位于原告韩某家：即××省××县××乡××村××89 号。

测量涉案架空输电线路、涉案铁塔位于原告韩某家房屋北面的田地内，输电线从韩某家房屋西侧上空经过。

通过测量确认输电高压导线与其房屋之间的空间距离。

（二）导线与建筑物之间相关位置测量

（1）柴房与 A 相导线相对位置。

（2）北房（西卧室）与 A 相导线相对位置。

（三）导线最大弧垂及风偏

经测量，导线与原告韩某家北房（西卧室）屋顶矮墙西端最大弧垂及风偏均为 0m。

（四）结论

经勘查检测结果如下：

1. 原告韩某家柴房角距导线最小水平距离 5.5m。

2. 原告韩某家北房（西卧室）屋顶矮墙西端距 A 相导线最小水平距离 6.8m。

3. 原告韩某家柴房角距导线最小垂直距离为 27.4m，北房（西卧室）屋顶矮墙西端距导线最小垂直距离为 25.4m。

4. 原告韩某家柴房××角距 A 相导线最小净空距离为 27.95m，北房（西卧室）屋顶矮墙西端距导线最小净空距离为 26.3m。

四、涉案架空输电线路的电磁环境

（一）检测标准和方法

1. 检测的标准采用国标《电磁环境控制限值》。

2. 检测的方法采用《交流输变电工程电磁环境监测方法（试行）》。

（二）监测仪器

使用德国 NARDAEFA－300 型工频电磁场测试仪，配备 2245 型电场强度探头，可测量频率范围 5Hz－100kHz 的电场强度。

型号：主机 NBM550 型，探头 2245 型

测量范围：电场 0.01V/m～100kV/m

频率范围：5Hz～100kHz

仪器编号：主机 Y－0003，探头 AP－0010.W－0010

计量检定证书编号：XDdj2015－4111

（三）监测时间

监测时间定于 16:08—23:10，天气多云转晴，温度 17.1～20.8℃，湿度 60%～73%，有利于获得准确数值。

（四）监测点位

参照《交流输变电工程电磁环境监测方法（试行）》布点要求，主要将测量点位布设在原告房屋外邻近涉案线路铁塔处以及原告经常活动的院子当中和几间卧室内，主要测量距地面 1.5m 高处的工频电场强度，测量点位的布设现场征询原告韩某某同意。

测量点位布设详见工频电场强度测量点布设一览表。

工频电场强度测量点布设一览表

点位	说明	选择理由
①	北房西卧室北墙外	北房西卧室是韩某某家距离涉案线路导线最近的卧室
②	院中	是韩某某家主要活动区域，地面为水泥地
③	西房室内	是韩某某家正房，约有三间大小，为卧室；南邻是两间大小的厨房
④	北房东卧室内	北房两间均为卧室，东侧房间较大
⑤	北房西卧室内	北房两间均为卧室，西侧房间较小
⑥	750kV 线路（A 相导线）下	750kV××东 – ×× – ××线路 A 相导线下方，该相导线距离原告房屋近

（五）测量结果

测量结果见工频电场强度测量结果表。

工频电场强度测量结果

序号	监测点	工频电场强度（V/m）
1	① 北房西卧室北墙外	827.6
2	② 院中	1167
3	③ 西房室内	4.202
4	④ 北房东卧室内	4.163
5	⑤ 北房西卧室内	2.509
6	⑥ 750kV 线路（A 相导线）下	1500

原告韩某家内外测量点位及 750kV 线路（A 相导线）下点位测量输电线路运行工况的工频电场强度值范围均小于《电磁环境控制限值》规定的工频电场强度（50Hz）公众曝露控制限值的 4000V/m 标准。

韩某家水泥院子中的工频电场强度为 1167V/m；750kV 输电线路 A 相导线正下方的工频电场强度为 1500V/m。

五、涉案架空输电线路的噪声

（一）标准、方法

监测标准与方法采用 GB 3096—2008《声环境质量标准》。监测指标为等效连续 A 声级 Leq，单位为 dB（A）。

（二）监测仪器

使用 AWA5688 型声级计。

型号：AWA5688 型

测量范围：28～133dB（A）

频率范围：20Hz～12.5kHz

仪器编号：00301192

计量检定证书编号：LSae2016－0936

（三）监测时间

昼间监测时间为 16:40－17:30，夜间监测时间为 22:00－22:55。

（四）监测点位和监测结果

监测点位布和监测结果设详见噪声测量结果一览表。

噪声测量结果一览表

监测点	昼间 dB（A）	夜间 dB（A）	备注
① 北房西卧室北墙外	41.2	36.7	/
② 院中	/	37.4	/
③ 西房室内	36.9	<28	监测时，关门窗
	40.0	35.1	监测时，开门
④ 北房东卧室内	28.2	<28	监测时，关门窗
	29.9	30.2	监测时，开门
⑤ 北房西卧室内	31.1	29.3	监测时，关门窗
	38.7	29.7	监测时，开门
⑥ 750kV 线路（A 相导线）下	/	36.0	

（五）结果

根据测量表的数据显示，三个卧室房屋门窗打开情况下夜间噪声在 29.7～35.1dB，水泥院子中夜间噪声 37.4dB（A），750kV 线路 A 相导线下方夜间噪声 36.0dB（A）。均符合声环境质量标准要求。

鉴定结论

本案鉴定采用了先进的监测设备，认真详细的测据证明：原告韩某家柴房距导线最小净空距离为 27.95m，满足《110kV～750kV 架空输电线路设计规范》

750kV 导线与建筑物之间的最小净空距离不小于 11.0m 的规定。

原告韩某家所处各监测点位噪声满足《声环境质量标准》环境功能区限值的要求。

评　析

750kV 涉案输变电工程，是国家"西部大开发"战略中，加快西部电网网络建设的重要工程项目，也是加强陕甘电网之间联络，提高电网间功率交换能力，保证电网功率交换需要和电网安全稳定运行的重要工程项目。该项目得到了国家发展和改革委员会、环境保护主管部门、供电公司等的大力支持，在项目的立项、选址、评审、审批、环境影响评价、技术论证等方面做了大量工作，并精心组织了项目的施工建设。

该工程项目建成投入使用后，由于涉案架空输电线路、铁塔（塔位）位于甘肃省某村原告韩某家房屋北面的田地内，750kV 输电线路由东向西经某号塔转向西南从韩某某家房屋西侧上空经过，原告韩某某夫妇对该高压输电线路导线与其房屋之间的距离、该高压输电线路所产生的电磁场、噪声对其健康造成的影响提起民事诉讼，请求被告某电力公司、某送变电工程公司等消除危险、赔偿损失。

陕西电力司法鉴定中心的司法鉴定人通过实地勘查涉案现场，对涉案输电线路导线与原告房屋距离、电磁场、噪声测量，查阅涉案架空输电线路相关资料，汇总分析送检材料，最终得出科学的鉴定结论。

此案从提起民事诉讼到申请司法鉴定，给电力企业和相关职能部门提出如下警示：随着我国市场经济的快速发展和人民生活水平的不断提高，人民群众对自身的生存环境有了越来越高的要求，城乡居民的环境保护意识、自我健康保障意识、民事权益维护意识等都明显增强，为了维护其合法权益，敢于充当原告提起诉讼。这就要求电力企业和相关职能部门在进行电力建设规划时，在项目的立项、选址、评审、审批、环境影响评价、技术论证等方面严格依法办事，尤其是对高压输电线路的规划建设，要尽量避开城镇发展规划区、开发区、居民聚居区、自然环境保护区、名胜古迹及重要军事通信设施环境敏感区域，处理好社会公共利益与公民个人合法权益之间的关系，避免发生不必要的诉讼活动。

三、陕西某农牧业发展股份有限公司噪声、振动环境污染司法鉴定案

案 情

陕西某农牧业发展股份有限公司（以下简称农牧业发展股份公司）向榆阳区人民法院起诉称：被告某矿业有限公司为方便其煤矿运输，委托榆阳区交通运输局修建了一条从芹河乡马家峁村至煤矿所在地奔滩村的二级公路，此路途经养殖猪、羊等家畜的某养殖场约110m左右。袁大滩矿业有限公司完成煤矿开采对外运输煤炭，每天有大量运煤半挂车从该路段经过，噪声、振动及未遮盖篷布形成的粉尘污染，是导致养殖场猪、羊崽死亡200余头的主要因素，要求袁大滩矿业有限公司和榆阳区交通运输局承担侵权责任，赔偿其经济损失。

榆阳区人民法院为了准确判断案件中涉及的噪声、振动是否符合国家标准，是否与养殖场猪、羊崽死亡事件有关联，遂委托陕西中和司法鉴定中心对涉案路段煤炭运输活动所产生的噪声、振动是否符合国家标准进行司法鉴定。

鉴定经过

根据榆阳区人民法院的委托司法鉴定事项，陕西中和司法鉴定中心司法鉴定专家和司法鉴定人组成鉴定小组，在榆阳区人民法院法官主持见证下，先后到涉案的农牧业发展股份公司养殖场、袁大滩矿业有限公司运煤专线进行了现场勘查勘验和噪声测试。主要过程如下：

（1）在某养殖场调查勘验、了解案情。

（2）到煤矿运煤专线了解情况。

（3）对某养殖场至公路内外部环境进行噪声测试。

（4）对某养殖场至公路内外部环境进行振动测试。

（5）对本案委托项目进行资料核实、分析、鉴定，最终形成司法鉴定意见。

鉴定分析

陕西中和司法鉴定中心就"某矿业运煤公路运营对某农牧业公司养殖场"的噪声及振动影响情况两次到现场进行鉴定监测。根据榆阳区人民法院委托要

求，并且按照相关程序对现场进行了勘验与调查，听取了双方当事人和代理律师的陈述。

一、调查与监测

（一）经反复勘验现场确认养殖场距离榆可路约 110m，距离某煤矿约930m，养殖场四周是沙地、沙丘或农田，除了榆可路之外，周围 300m 以内没有其他噪声源或振动源。

（二）监测仪器

噪声振动测量仪器采用的是多功能环境振动分析仪、并将仪器功能、量程范围、频率响应等参数告知当事人且取得其认可。

（三）监测方法

根据榆阳区人民法院鉴定委托书的要求，本次测量方法采用《声环境质量标准》中规范性附录 C "噪声敏感建筑物监测方法"和《城市区域环境振动测量方法》。

（1）根据裕森源养殖场及周边、道路情况，选择了厂区、围墙、道路等不同的监测点位，进行不同位置、不同时段实时监测。

（2）监测结果：

监测结果包括等效连续噪声监测结果及铅垂向 Z 振级监测结果，按照间隔半小时到 1 小时对公路来往车辆及声级进行了数据统计。（统计数据略）

二、监测分析

（一）监测和评价指标的简介

为了使鉴定委托人、纠纷案件当事人了解监测、评价指标基本知识，统一意见，司法鉴定专家公开介绍了监测和评价中涉及的常规指标用语的含义。

（二）关于所采用的评价标准

本案按照《声环境质量标准》检测养殖场声环境执行 1 类声功能区昼间55dB、夜间 45dB 的标准。

借鉴农村区域噪声适用范围的规定，确定养殖场振动执行标准按照《城市区域环境振动标准》中的"居民、文教区"振动标准，即昼间 70dB、夜间 67dB。

（三）关于本次监测的方法

按照《声环境质量标准》关于噪声敏感建筑物监测方法和《城市区域环境振动测量方法》的要求，监测养殖场的猪舍、羊舍、办公室、养殖场东围墙及以外等区域环境振动是否满足相应区域标准的要求，同时监测榆可公路上的道路振动现状并确定交通振动与养殖场环境振动的相关性。

（四）监测数据与标准的比较

通过比较，得知公路上监测数据超过《声环境质量标准》功能区的标准限值。有车辆经过状态下其噪声均超过夜间标准。

通过比较得知居民、文教区白天、夜间其振动监测数据均满足标准限值。

鉴定结论

某养殖场环境振动满足《城市区域环境振动标准》的标准限值，表明环境振动质量良好。

评　析

本案是一起比较典型的因公路煤炭运输专用线所产生的环境噪声是否对相邻的畜牧养殖场构成环境噪声污染司法鉴定案。

环境噪声污染司法鉴定案件，是近年来司法领域出现的新类型案件。随着现代社会经济的发展，经营主体的法治观念、自我权益保护意识不断增强，因环境噪声污染所导致的权益纠纷频发，向人民法院起诉要求侵权损害赔偿并请求对是否构成环境噪声污染进行司法鉴定的案件日益增多。

所称环境噪声，是指在工业生产、建筑施工、交通运输和社会生活中所产生的干扰周围人们生活环境的声音。所称环境噪声污染的含义，是指超过国家规定的环境噪声排放标准排放噪声；并且排放的噪声干扰他人正常的生活、工作和学习。

从本案已查明的事实看，某养殖场与某矿业公司之间因煤矿运煤专用公路线构成了相邻权关系。某养殖场经过批准修建并经营在先，某矿业公司运煤专用线审批修建在后，运煤专用线距养殖场的最近直线距离约为 110m。养殖场认为矿业有限公司开始对外运煤后，养殖场曾多次发生猪、羊崽死亡事件，怀疑是运煤大挂车经过养殖场周边所产生的噪声、振动引起的，为了获取证据请求司法鉴定机构进行专业司法技术鉴定。

陕西中和司法鉴定中心接受人民法院委托后，立即组成司法鉴定专家小组，根据《环境噪声污染防治法》《城市区域环境振动标准》《声环境质量标准》

等法律法规规定的环境噪声污染判断标准，先后赴某养殖场、某矿业公司运煤专线调查勘验，对养殖场至矿业公司运煤专线的内外部环境进行了噪声振动测试，提取了白昼与夜间的不同噪声振动数据。在此基础上，翻阅了大量证明资料，查阅了关于噪声振动环境污染的相关法律、法规、规章、标准，对本案进行充分调研论证，最终作出的司法鉴定意见是：某养殖场环境振动满足《城市区域环境振动标准》的标准限值，表明环境振动质量良好。

通过本案提示我们，交通运输噪声污染是目前普遍存在的社会现象，对人类的健康生活质量、企业的生存环境都带来了很大的影响。尤其是人群密集、车流量比较大的公路或路段，需要对其加强防治。比如，限制车辆行驶速度和运行时间，在重要道路和街区安装隔音屏障、降噪减震器，加强道路规划等，以减少道路交通噪声污染和相关纠纷的发生。

第六章

电力损伤原因及估损司法鉴定案例

一、某市地铁施工竖井设施及相关电器线路是否漏电司法鉴定案

案情简介

北京某建设工程有限公司电焊工蒲某突然摔倒在地铁施工现场，工友发现后立即将其送往医院抢救，后经医院宣布抢救无效死亡。北京某建设工程有限公司委托陕西电力司法鉴定中心对其死亡原因是否与触电有关进行司法鉴定。

鉴定经过

陕西电力司法鉴定中心的司法鉴定人及专家于 2015 年 9 月 7 日前往事故发生现场，在委托方负责人及相关人员均在场的情况下，开展为期两天的现场勘验和调查，主要过程如下：

一、对涉案事故现场进行勘查勘验

司法鉴定人和专家对现场进行了实地勘验调查，得知：现场配电箱操作平台长度 400cm、宽度 100cm、距地面高度平均 40cm，平台上铺有 0.5cm 厚黑色橡胶绝缘垫，平台三面设有金属围网护栏，金属围网护栏高度 120cm，围网上悬挂有"非工作人员禁止入内""当心触电"安全警示牌两块，并配有消防用灭火器 2 个。

平台上配电设备有二级配电箱一台、三级配电箱两台、电焊机两台，而且与隧道结构钢筋网焊接连接紧密为一体牢固可靠。

二、对项目安全管理进行分析

从现场检查竖井工程工地，醒目位置分别列有"临电管理制度""临电巡视制度""临电值班制度""临电操作规程"及相关安全警示标志。配有专职电工按要求履行职责，作现场值班记录、电气线路绝缘强度测试记录和配电箱检查记录。

三、现场设备选择分析

现场平台上安装了二级配电箱和三级配电箱。配电箱属低压成套配电设备，名称为临时用电配电箱，均为具有安全生产标准化证书的合格产品。

平台上两台电焊机均有产品检验合格证。

四、对涉案的有关单位及人员进行询问调查

据当事人罗某、杨某回忆口述：事故当时见蒲某倒在配电平台近处地上，先后到蒲某身旁对其进行现场抢救，罗某曾听到蒲某长出了一口气后，上到配电平台关掉了电闸。

五、对事发时气象条件进行调查

据了解，事发当地气温 15℃～24℃，相对湿度 30%～50%。施工现场相对湿度 50%。

六、对现场设备的勘验及分析

（1）检测二级配电箱（配电总柜）：检测断路器（总开关）上桩头验电器即刻闪光发声，显示有电。检测下桩头验电器没有声、光发生，显示无电。当合上总开关后，检测下桩头验电器即刻闪光发声显示有电；检查分相控制断路器桩头均显示有电，下桩头无电；当合上分相控制断路器开关后，断路器下桩头均显示有电。检查二级配电箱外壳显示无电。由此证明二级配电箱没有漏电。

（2）检测三级配电箱（分线箱）和电焊机：检查进线断路器上桩头有电，下桩头无电，当合上分线开关后，下桩头显示有电，电焊机投入运行；检查三级配电箱和电焊机外壳显示无电。由此证明三级配电箱（分线箱）和电焊机没有漏电。

（3）检测围网护栏验电器显示无电。由此证明围网护栏没有漏电。

鉴定结论

经勘验，工程竖井内，现场使用的二级、三级配电箱、电焊机箱体、机体外壳、配电箱操作平台及平台围网护栏没有漏电现象，安全可用。

评　析

这是一起突发的地铁施工人员在施工现场突然倒地，经抢救无效死亡原因司法鉴定案。

经调查，死者殒年50岁，生前没有什么重大疾病，在医院抢救中公安民警、法医到达医院，并在抢救无效后对死者进行了检查。经法医检查，死者无外伤、无异常，具体死亡原因尚未确定。后经民警、法医、安监局等相关人员到地铁施工现场共同进行了勘查、询问，经勘查，地铁施工现场无安全生产事故迹象。死者家属怀疑施工现场漏电，死者系触电死亡。

经过陕西电力司法鉴定中心的司法鉴定人和司法鉴定专家对涉案的有关人员进行调查询问，对涉案事故现场进行实地勘查勘验，对涉案设备进行勘验及分析，最终认定2号竖井内现场使用的二级、三级配电箱、电焊机箱体、机体外壳、配电箱操作平台及平台围网护栏没有漏电现象，安全可用，实际上排除了死者在工作期间因施工设备漏电导致其触电死亡的可能性。

本案的缺陷是，由于事发突然，死者蒲某突然摔倒在地后，现场工友情急之下进行了自行施救，但对事发现场没有及时留下视频或影像等电子证据，北京某建设工程有限公司在施工现场也没有安装视频监控等电子设备，故司法鉴定人员在进行司法鉴定时所获取的资料，都是根据双方当事人提供或事后调查检测取得的材料，对鉴定结论的客观、公正、唯一性有一定的影响。希望通过此案的阅读提高所有企业、单位和公民个人的证据意识，在遇到此类伤亡事故时，除积极想办法施救外，也要积极想办法固定现场证据，为日后司法鉴定机构鉴定和相关机构处理伤亡事故留下客观、公正、可靠的原始证据材料。

二、中国移动通信集团贵州某分公司基站变压器迁改安全事故责任司法鉴定案

案 情

中国移动通信集团贵州某分公司与贵州省某建设公司签订《基站电力隐患整治框架合同》，约定由建设公司承包县辖基站电力隐患整治工程进行基站变压器迁改工作。具体由建设公司工程项目施工队派工作人员贾某、王某等五人在 10kV 输电线路 110 号杆和"T"接基站支线线路 06 号杆进行变压器迁改工作，李某等三人在基站配电变压器台架上进行高压引线搭接工作。完成基站变压器 A、B、C 三相高压引线搭接后，通信股份有限公司工作人员刘某等三人来到工作现场观察询问后，进入基站房内进行发电，发电机启动后，正在进行搭接工作的王某随即触电受伤，悬挂于电杆上。通信股份有限公司人员随即停止发电，与建设公司现场人员一起，将王某送往医院抢救治疗。

事后，建设公司委托陕西电力司法鉴定中心对基站变压器迁改安全事故责任进行司法鉴定。

鉴定经过

一、对事故现场进行勘查

事故现场基站变压器 10kV 高压跌落熔断器拉开，变压器 A、B 相高压绝缘引线搭接在架空绝缘导线上，变压器 C 相高压绝缘引线从跌落熔断器处垂掉在电杆上，架空绝缘导线和绝缘引线头部绝缘护层已被剥落 10cm；变压器低压出线为低压电缆，中间没有明显的断开控制，直接接入基站配电箱空气开关进线端子上。

现场对 10kV 输电线路 110 号杆和"T"接的基站支线 01 号杆进行了勘查。勘查发现其上接线隔离刀闸和柱上真空开关都处在断开位置，说明基站和水厂两家用户变压器已经全部断开，处在停电状态。

二、对基站内进行勘查

在基站内勘查，未见设备巡视制度和用电管理制度，也未见到发电机操

作规程或程序。站内自备 5GF－4 单相汽油发动机组一台，与设备整流模块开关违章连接，引线使用普通白色塑料护套双根独股 $2 \times 2.5cm^2$ 铝芯导线；整流模块单元电源控制门敞开着，发电机引线仍然接在设备整流模块开关端子上，接线处铝芯导线裸露，没有进行绝缘包裹；配电箱内可见具有安全隐患的临时接线。

三、现场模拟测试

据建设公司提供的材料：建设公司项目部会同中国移动贵州某分公司、某通信股份有限公司方对触电事件进行了模拟认证。模拟认证显示，发电机发电时市电开关断开，用万用表测量此开关进电侧显示为零，表明开关上端子无电压，用万用表测量此开关出电侧显示为 220V，表明开关下端子有电压。

四、现场对涉案当事人进行调查询问

陕西电力司法鉴定中心司法鉴定人及专家对建设公司工程项目部线路施工队施工人员贾某等人进行询问，调查了解事故发生过程。

建设公司工程项目部线路施工队施工前，已完成基站支线 01 号柱上真空开关、输电线 110 号杆隔离开关停电操作，对输电线 110 杆进行了验电操作，安装了接地钢钎，将接地短路线加挂在隔离开关导线裸露部位，并安排一人杆下看守。

建设公司工程项目部线路施工队施工人员三人在杆上进行引线搭接，贾某在横担下面，王某在上面，基站专线 A、B 相已接好，在进行最后一相 C 相线路搭接时，贾某给王某递剩下的一根引线，引线掉落两次，贾某第三次递上去，王某手抓住引线裸露的铝芯部分时发生触电。

建设公司工程项目部线路施工队正在作业时通信股份有限公司三名工作人员曾来过施工现场，但并未告知施工人员他们将启动发电机发电。随后，通信股份有限公司代维人员进入基站房，操作发电机发电，正在施工的王某即被电击，并悬挂于电杆上。通信股份有限公司代维人员听说发生触电事故，便立即关闭发电机，双方人员一起将伤者从电杆上放下，送往医院抢救。

司法鉴定人及司法鉴定专家通过询问确认通信股份有限公司工作人员无电工作业资格证。

鉴定分析

一、通信股份有限公司责任分析

（1）通信股份有限公司在基站工作现场没有发电、用电管理制度，没有工作监护制度，也没有发电机操作规程或程序，工作人员没有电工作业证，无证上岗，缺失必要的安全管理制度，构成了管理上的安全隐患。

（2）通信股份有限公司工作人员违规将发电机引线直接接在设备整流模块开关端子上，并且导线接线头铝芯裸露，没有任何绝缘包裹，是造成事故的重要原因。

（3）经司法鉴定人及专家以及建设公司、通信股份有限公司三方现场模拟事故认定测试结果进行检验后确认：发电机发电后，市电控制开关下桩头均有220V电压。该公司工作人员在配电箱内接入了临时导线，改变了配电箱内的正常运行方式，是造成此次事故的另一原因。

（4）通信股份有限公司工作人员在明知现场有人工作的情况下，未告知变压器迁改人员，随意启动发电机发电，是造成此次事故的直接原因。

综上所述，通信股份有限公司安全管理制度缺失，配电箱违章接线改变配电箱正常运行方式，聘用无证人员违规操作，在明知现场有人工作的情况下，仅看到基站电源模块运行正常就随意启动发电机发电，导致发电机发电后通过市电开关直接外送到正在施工作业的变压器上，构成反送电，使变压器高压引线带电，导致现场工作人员触电受伤，应负此次事故的主要责任。

二、贵州省某建设公司责任分析

建设公司对所属工程项目部的施工安全监督管理不到位，是造成此次触电受伤事故的次要原因。

三、中国移动通信集团贵州某分公司责任分析

作为业主单位，安排对基站变压器进行迁改，其对通信股份有限公司、建设公司工程项目部是否按照电业安全规程规范施工监督不到位，应负安全监管责任。

鉴定结论

（1）通信股份有限公司发电机、配电箱违章接线，在建设公司工程项目部线路施工队进行基站变压器迁改作业时，违规发电送电是造成事故的直接原

因，在此次事故中应负主要责任。

（2）建设公司安全管理监督及安全措施不到位，是造成此次事故的间接原因，在此次事故中应负次要责任。

（3）中国移动通信集团贵州某分公司作为业主单位负有监管不力责任。

评　析

这是一起发生在变压器迁改作业过程中的电力安全生产责任事故司法鉴定案。

陕西电力司法鉴定中心对此案触电事故进行模拟试验，对基站变压器迁改工程项目的发包方和施工方在此次触电事故中的责任进行了全面分析论证。下列教训应引起全社会各有关单位、有关人员重视。

第一，关于工作人员"无证上岗"问题。本案建设公司现场施工人员、通信股份有限公司汽油发电机工作人员均无"电工作业证"，其上岗资格不符合电力行业对专业技术人员持证上岗的规定，均属于无证上岗。建设公司虽然在其《施工现场安全管理制度》中明确规定，特殊工种要持证上岗，但其聘用的现场施工人员事发时被工地负责人分配从事"在变压器上接线工作"，但均无"电工作业证"，属于无证上岗。

第二，关于安全管理制度缺失的问题。通信股份有限公司在中国移动贵州某分公司基站工作现场没有发电、用电管理制度，没有工作监护制度，也没有发电机操作规程或程序，构成了管理上的安全隐患。

第三，关于工作人员违规操作问题。通信股份有限公司工作人员在配电箱内接入了临时导线，改变了配电箱内的正常运行方式，使发电机发电后，市电控制开关下桩头均有 220V 电压，是造成此次事故的主要原因之一。违规私自操作启动发电机发电，是造成此次事故的直接原因。

第四，关于未建立沟通联络机制问题。进行基站变压器线路维修，委托方与施工方之间没有建立必要的施工停电及施工结束后的通知送电联系制度。建设公司 2015 年 9 月 24 日出具的《关于施工停复电联系制度及本次施工停复电联系方式说明》称，"由于我司施工的自以为用户专用线路，其产权属于用户自己，需要检修及维护时，无需联系供电局，因此没有施工停复电联系制度及本次施工停复电联系方式"。通信股份有限公司安全管理制度缺失，在明知施工方现场工作人员正在工作的情况下，未经许可擅自发电并恢复供电，使现场工作人员触电受伤。

三、安徽省某住宅楼户外空调主机外壳带电原因及具体漏电点司法鉴定案

案情简介

安徽省某市住宅楼 204 室住户聘请某建材设备销售中心员工范某查看空调不制冷原因,当范某接触到户外空调机外壳时不幸触电身亡。经户主自行排查认为空调插座地线带有强电是此次电击伤亡事故原因,遂提起诉讼,请求法院判令被告供电公司和住宅楼管理者连带赔偿垫付费用 470000 元。某县人民法院在审理本案的过程中,委托陕西电力司法鉴定中心对涉案空调外壳带电原因以及具体漏电点进行司法鉴定。

鉴定经过

陕西电力司法鉴定中心接受委托后,指派司法鉴定人员和司法鉴定专家赴事发地开展了如下司法鉴定工作:

（1）对现场供电计量箱进行勘验。

（2）对 204 室供电电源及其导线进行勘验。

（3）对空调电气性能及其插座进行勘验。

（4）对 204 室所在的 2 单元楼梯照明电源线路走径进行勘验。

（5）对 2 单元楼梯照明电源线在 1 层墙体内隐蔽接点拆除封堵层进行勘验。

（6）对 204 室内总电源箱金属壳带电进行勘验。

（7）勘验明确空调插座地线端经 204 室内总电源箱金属外壳与路灯照明电源相线在墙体内是否导通。

（8）与当事人现场交流调查。

鉴定分析

一、事故过程

原告聘请某市建材设备销售中心上门维修太阳能热水器,随后,原告家中

空调不制冷，又请维修人员范某帮忙查看。当范某刚接触空调主机外壳时即遭电击。原告即拨打120呼救，经医护人员抢救，范某因伤势过重抢救无效身亡。事后，原告自行检查家中和户外电源认为家中地线带电、空调机外壳经过插座地线端带电均系供电企业将进户电源线错位连接造成的，遂提起诉讼。

二、事故现场情况

事故现场位于安徽省某市住宅楼2单元204室。室外空调机电源插座在原司法鉴定机构鉴定后已松动，部分线头已拆掉，但不影响本次鉴定进行；该室户外2楼楼梯墙面挂装本单元所有住户供电电源计量箱和本单元楼梯路灯照明供电电源计量箱，计量箱各路电源均装有空气开关。

三、事故现场检查分析

（一）入户电源检查

在楼梯计量箱内测试204室供电的单相电源，电压正常；测试导线绝缘正常。

（二）户外空调机检查

在204室户外空调机电源插头处测试，发现地线端子与金属外壳导通。

（三）空调机电源插座检查

在204室内测试空调机电源插座发现，零线与地线间电压达200V，不正常。

（四）户外楼梯路灯照明电源检查

在204室户外楼梯路灯照明电源独立使用的计量箱处测试，照明电源电压正常。

（五）户外楼梯路灯照明电源在1楼墙面内接线检查

测试检查确认只要与黑色绝缘皮那根导线搭接就会引起空调机电源插座地线端带强电。

（六）户内总电源箱检查

204室户内进线总电源箱为金属外壳，检查发现外壳带强电；外壳下侧左右两端用螺丝紧固连接两根导线，拆解测试发现一根与户外楼梯路灯照明电源相线搭接导通，另一根与室外空调机电源插座地线端导通。

鉴定结论

安徽省某市住宅楼2单元204室汪某某户外空调外壳带强电原因系空调电源插头所插的插座地线端与该单元楼梯路灯照明电源相线导通所致。

评 析

这是一起维修人员上门服务意外触电死亡原因司法鉴定案。

原告汪某、占某夫妇家中的太阳能热水器损坏，请某建材设备销售中心派员维修。维修工范某接受委派后，上门对汪某、占某夫妇家中的太阳能热水器进行了维修。维修完毕后，汪某、占某夫妇提出其家中的空调不制冷，请范某帮助查看原因，范某答应并帮助查看。在范某刚出户外接触到空调机外壳时即不幸触电，汪某的家人立即切断电源，并拨打 120 急救。医护人员到场后，立即进行抢救，但范某终因抢救无效身亡。公安机关对现场进行了勘验，根据公安机关的勘验结果以及医院的相关证明，证实汪某、占某夫妇家中的空调外机壳带电，直接导致范某遭电击，心脏骤停死亡。

事件发生后，在区人民调解委员会的主持下，汪某、占某夫妇和建材设备销售中心一次性代为赔偿范某某父母死亡赔偿金、精神抚慰金、丧葬费等共计人民币 62 万元，其中汪某某、占某某夫妇承担 47 万元。经汪某某、占某某夫妇自行排查，认为空调插座地线带有强电，是电击伤亡事故发生的主要原因。汪某某、占某某夫妇遂提起诉讼，状告供电公司和住宅管理者，请求判令二被告连带赔偿原告垫付的费用 47 万元。

陕西电力司法鉴定中心接受委托后，认真开展了现场勘验和调查。在楼梯计量箱内测试为 204 室供电的单相电源，电压正常；测试导线，绝缘正常。204 室户内进线总电源箱为金属外壳，检查发现外壳带强电；教训告诉我们，家用电器损坏维修一定要采取措施、采用先进的设备检测不带电后再操作。

四、陕西省某市金鸡滩镇村民私架电网致人死亡司法鉴定案

案 情

陕西省某市金鸡滩镇村民高某用电猫、蓄电池（俗称电瓶）、电桩和电线，在该村附近的沙地道路一侧铺设电网捕野兔。同村村民吴某骑摩托车带着狗到该地点逮野兔时，狗被电网击中。后吴某将电猫与电瓶拆下装在其摩托车的侧袋内，骑着摩托车朝家的方向走。走到一处沙湾时正好碰见出来寻其的父亲，

吴某向父亲叙述该事情经过时，伸手取电瓶和电猫时被电击身亡。公安部门在第一时间进行了调查取证。

鉴定经过

一、检测工具可用性验证

陕西电力司法鉴定中心与国家电容器质量监督检验中心，对证物（蓄电池及电猫）进行性能检测，证明展示所使用的检测工具及仪器仪表均合格可用。

二、涉案电猫检查及测试

（一）外观检查

在无电情况下，打开涉案电猫盖板，观察到其内部接线情况。涉案电猫及蓄电池没有电气原理图及相关资料；蓄电池为 12V 45Ah 蓄电池，涉案电猫无相关信息。

打开涉案电猫，其内部有两层结构，上层为整流充电回路，固定于无盖塑料壳内，下层为电容（额定电压 450V，额定电容 1000μF），电容连接方式为 22 串 2 并，理论计算总电容为 90.91μF，理论额定电压为 9900V，电容之间使用金属裸线焊接连接，固定于环氧树脂板上后放置于电猫盒底部，两层之间使用环氧树脂板衬垫，内部电气连接线路正常、完好。

（二）涉案电猫检查测试

1. 蓄电池电压测量

使用数字万用表直流电压 20V 档测量蓄电池正负极之间电压，测量结果：涉案蓄电池电压为 12.55V；新购置的蓄电池电压为 12.66V。涉案蓄电池虽放置较长时间，但电量充足。

2. 涉案电猫充电时间测量

考虑涉案蓄电池放置较长时间，使用新蓄电池作为涉案电猫供电电源：

按照涉案电猫外壳上标识接线，将蓄电池正极接于电猫低压侧正极，将蓄电池负极接于电猫低压侧负极，打开涉案电猫上开关，开始充电（充电时电猫有轻微蜂鸣声），使用分压器连接示波器测量电猫高压端输出电压，测量电猫达到充电稳定的时间；不断开充电电源，使用球隙进行一次放电，后迅速分开球隙，使蓄电池继续对电猫充电，待再次充电稳定后，测量电猫达到稳定的时间。

经测量，首次充电稳定时间约为 234s，放电后复充电压达到稳定时间约为 196s。

3. 涉案电猫自放电比对

电猫电容器电压为直流电压，但实验室测量电猫电压时需将分压器及高压连线常接于电猫高压端上，考虑到较长裸铜线及分压器可能会构成外部放电回路，导致电猫高压端输出电压下降与实际现场使用不等效，因此先对涉案电猫进行自放电电压比对。

经比对，结论是分压器及外部裸铜导线对于电猫的自放电影响不大。

4. 涉案电猫放电电流测量

按接高压线路，模拟人体电阻，试验时分别接入不同阻值的电阻以模拟不同触电情况。使用新蓄电池作为电猫供电电源，按照电猫外壳上标识接线，将蓄电池正极接于电猫低压侧正极，将蓄电池负极接于电猫低压侧负极，打开电猫上开关，开始充电，充电时电猫有轻微蜂鸣声，使用分压器测量电猫高压端输出电压，待充电稳定后，经过电阻进行放电，使用电流传感器测量电流和传输比。

鉴定分析

一、电猫充电稳定时间到电压稳定时间约为 230s，电猫被触发一次放电后可以复充，达到稳定电压时间约为 200s。

二、电猫最高电压

电猫最高电压为电容器充电电压，实际测量可充电到 10.8kV，即使充电一次后关闭电猫充电开关，断开蓄电池与电猫之间连线，使其自然泄漏放电，3min 后电压约为 9kV。

三、电猫放电电流及持续时间测量（模拟人体电阻用量放电电流大小）

模拟人体电阻最大值（试验用电阻 3.99kΩ），放电电流峰值 893A，持续时间约 150ns。

模拟两个电极直接短路放电，放电电流峰值 4.20kA；放电持续时间 165μs。

鉴定结论

根据上面的检查及测试，可以判定：

涉案电猫在使用时，最高电压超过 10kV，在最高电压下，如果两个电极或高压电极被接触后可产生约 800A 至 4000A 的冲击电流。

如果电猫与电瓶拆下，模拟人工放电（仅仅将正负极短接放电，而没有将涉案电猫正负极可靠短接），实测电容器残余电压约 600V。

评　析

这是一起村民私设电网非法捕猎，过失致人死亡司法鉴定案。

近年来在我国农村或偏僻山区，因村民私设电网或电子捕猎装置捉野兔、野猪等野生保护动物，从而造成的人畜触电死亡案件频发。这不仅严重违反了《中华人民共和国野生动物保护法》《中华人民共和国陆生野生动物保护实施条例》关于"野生动物资源属于国家所有"，"国家保护野生动物及其生存环境，禁止任何单位和个人非法猎捕或者破坏"的法律规定，而且破坏了我国的野生生态环境，同时给人民群众的生产生活以及生命财产安全带来了巨大的安全隐患，极易导致人畜触电死亡。

本案就是一起典型的私设捕猎装置导致村民触电死亡案件。事件发生后，死者吴某的父亲向当地公安机关报了案，要求追究擅自使用电猫、电瓶、电桩、电线捕捉野兔的村民高某的刑事责任。

陕西电力司法鉴定中心接受公安机关的委托后，开展了一系列司法鉴定工作，对证物蓄电池及电猫的电压、充电时间、自放电电压、放电电流等逐一进行了性能检测。司法鉴定结论为，涉案电猫在使用时，最高电压超过 10kV。模拟人工放电，实测电容器残余电压约为 600V，为公安机关正确认定高某是否构成过失致人死亡罪提供了科学依据。

应当说本案的教训是十分沉痛的，犯罪嫌疑人高某在私自铺设电网捕捉野兔的当天，就发生了过失致人死亡事件，使一个鲜活的生命瞬间陨落，使一个完整的家庭瞬间不复存在，给被害人的亲属造成不可弥补的精神伤害。对此，犯罪嫌疑人高某不但要身陷牢狱承担相应的刑事责任外，还要承担相应的民事赔偿责任，这必将给犯罪嫌疑人高某及其受害人吴某两个家庭都造成巨大的精神和经济损失。

从社会管理的角度来看，犯罪嫌疑人高某所使用的电子捕猎装置又叫"电猫"，或叫"超高压捕猎器"，是一种法律明令禁止使用的捕猎装置，但无论是生产厂商还是销售商，为了其经济利益，都在公共电子平台上广泛宣传、公开兜售这些产品，毫无顾忌。这种杀伤力极强的电子装置通常被设置在广阔的田野或偏僻的山里，通过私拉电网，将电压从220V变提升到几千伏，用来捕捉野生动物，不但严重威胁野生动物的生存环境，同时严重威胁行人生命和公共财产安全。根据《中华人民共和国野生动物保护法》的规定：在禁猎区、禁猎期或者使用禁用的工具、方法猎捕野生动物的，由野生动物行政主管部门没收猎获物、猎捕工具和违法所得，处以罚款；情节严重、构成犯罪的，依照刑法规定追究刑事责任。因此，相关职能部门必须切实负起责任来，严肃查处违法捕猎行为，没收违法作案工具和非法所得，同时给予违法行为人行政罚款处罚或者依法追究其刑事责任。

野生动物不仅是自然生态系统的重要组成部分，也是我们人类的朋友。偷捕偷猎行为不仅破坏生态环境，也有很多安全隐患，人民群众如果发现此类违法行为，要及时向林业部门举报，杜绝非法偷捕偷猎野生动物和过失伤人不幸事件的发生。

五、重庆市某预制厂 10kV 高压输电线下翻斗车司机马某触电人身损害司法鉴定案

案情简介

司机马某驾驶自卸车停在重庆市某预制厂 10kV 高压输电线路导线下，在准备洗车的过程中，马某触电导致严重烧伤，经送医院抢救后无生命危险，随后提起诉讼，请求赔偿。重庆市某人民法院委托陕西电力司法鉴定中心对本案涉及的 10kV 高压输电线路 14 号杆至 14 号附 1 号杆间 A 相导线断线原因或者其对渝 BF×××× 自卸车放电的事故原因是该段线路自然断落还是短路接地熔断进行司法鉴定。

鉴定经过

陕西电力司法鉴定中心接受法院的委托后指派司法鉴定人员赴案发现场，在法院法官和原告马某及其委托代理人、被告县供电公司工作人员在场的情况

下，开展了司法鉴定工作：

（1）查阅县安全生产监督管理局关于安全生产行政执法文书勘验笔录，及马某触电事故现场示意图。

（2）在事故现场模拟复原事故车辆停放位置。

（3）在事故现场对现存在的 10kV 高压输电线路三相导线对水泥地面的垂直高度进行测量。

（4）依据原告马某和原告代理律师杜某的口述及事故现场彩色摄影图，模拟复原事故车辆真实停放位置，以及原 10kV 高压输电线路三相导线走径。

（5）查阅县供电公司某镇供电所《供电所安全事故记录》。

（6）查阅本案件原告起诉状、被告答辩状和陈述材料等。

（7）勘验过程及现场提取的照片。

鉴定分析

司法鉴定人员依据有关资料及现场勘验、提取照片等，对下列事项进行了认真分析，得知：

1. 现运行 10kV 高压输电线路 14 号杆至 15 号杆线路不是构成马某触电的线路，该段导线排列方式为三角形，事故点导线对地距离分别为：A 相 6.045m、B 相 6.845m、C 相 5.905m，14 号杆型号 $\phi 190 \times 10m$。

2. 原 10kV 高压输电线路 14 号杆至 14 号附 1 号杆线路已拆除掉。

3. 马某身高 164.7cm，触电后严重烧伤，右臂截肢。

4. 预制厂原为县农场，开办人员为陈某。

5. 原 10kV 高压输电线路 14 号至 14 号附 1 号杆线路的设计和施工。

（1）非居民区架空导线离地最小高度，根据电力行业标准《架空配电线路设计技术规程》规定，10kV 高压输电线路 14 号至 14 号附 1 号杆线路导线跨越的区域属于非居民区，导线与地面的垂直距离不应小于 5.5m。

（2）导线选型及其弧垂计算。

原 10kV 高压输电线 14 号至 14 号附 1 号杆线路导线为 LGJ–35 钢芯铝绞线，导线长度 111.8m。

根据《高压输电线路设计手册》第三篇第二章架空线路电线应力弧垂计算理论得知：悬挂于两悬挂点间的电线，当线上作用的荷载或温度发生变化时，其悬挂中的弧线线长要发生变化，这是由于荷载不同时引起导线弹性伸长的不同和温度变化时引起电线的线性膨胀或收缩发生变化的缘故。档内悬挂弧线线长的变化必然也引起导线的弧垂和应力发生相应变化，在特殊的情况下，档内的各种参数都有可能发生变化。为了保证电线在施工与运行中的安全可靠，必须弄清楚架空电线从一种悬挂状态变到另一种状态下的应力变化关系。

经计算 10kV 高压输电线路 14 号杆至 14 号附 1 号杆导线弧垂 $f_0 \approx 1.28\text{m}$。

（3）变压器容量及导线载流量。

经查：原 10kV 高压输电线路 14 号附 1 号杆架设变压器为供电公司购置××源通变压器厂生产的 S9 − 50/10 节能型变压器，额定电压 10kV，额定容量 50kVA，额定电流 2.89A，按过负荷 10%计算电流为 3.18A。即使变压器过负荷 10%运行也远小于导线的载流量。因此，原 10kV 高压输电线路 14 号至 14 号附 1 号杆线路导线不存在因负荷原因造成断线的可能。

以上分析表明，14 号杆及附 1 号杆设计及施工均满足规程要求。

6. A 相导线断线原因分析

（1）气象条件。

预制厂地处山区，实属典型 Ⅱ 类气象区，平均气温 13.8℃；最高气温 17℃；最低气温 12.2℃；平均相对湿度 75%；平均风速 0.9m/s；最大风速 4.4m/s。自然气象条件不能对原 10kV 高压输电线路 14 号至 14 号附 1 号杆线路导线构成断线威胁。

（2）短路事故。

根据涉案材料，案发当时没有短路事故发生。

（3）案发过程。

首先复原 10kV 高压输电线路 14 号至 14 号附 1 号杆线路导线与事故车辆，与地面相对垂直距离为：

1）车顶离地面高 3m；

2）自卸车车厢离去角 30 度车厢最高点 5.8m；

3）导线与水泥地面高度垂直距离 5.95m；

4）导线对土地面验算垂直距离 6.22m；

5）14 号杆到 14 号附 1 杆距离 111.8m。

根据空气气体介质击穿理论和大气过电压及其保护理论研究和《电力设备

过电压保护设计技术规程》，额定电压 10kV 保护间隙的主间隙数值不应小于 25mm，其辅助间隙数值为 10mm。合计电压 10kV 保护间隙的最小值为 35mm 的规定。

鉴定结论

（1）原 10kV 高压输电线路 14 号至 14 号附 1 号杆线路对地距离大于 5.5m，导线型号 LGJ-35，设计、施工符合电力行业标准和《10kV 及以下架空配电线路设计技术规程》规定。

（2）原 10kV 高压输电线路 14 号至 14 号附 1 号杆线路不存在因负荷原因造成断线的可能。

（3）案发当时，线路不存在短路事故。

（4）司机马某操作车厢抬升过程中与 A 相导线距离过近导致弧光接地触电烧伤，之后电弧持续高温导致导线熔断落地。

评 析

这是一起因自卸车触碰高压线从而引发的触电人身损害赔偿纠纷司法鉴定案。本案虽然不复杂，但司法鉴定的过程却不简单。其鉴定采用的法律依据、技术手段、计算方法，必须做到依法合规、科学有据。

驾驶员马某驾驶的自卸车停放在重庆市某预制厂 10kV 高压输电线路 14 号杆至 14 号附 1 号杆之间的三相导线下，在驾驶员马某准备冲洗车辆的过程中发生触电导致其严重烧伤。事后，马某诉至人民法院，请求判令被告供电公司承担民事赔偿责任。

陕西电力司法鉴定中心接受委托后，认真开展了司法鉴定工作。据安全生产监督管理局执法大队勘验现场笔录记载，执法大队勘验现场时已处于停工状态。发生触电事故的车辆停放于预制场空坝处，车辆现场无刹车痕迹和运动轨迹。该车左上方为 10kV 高压输电线路 14 号杆到 14 号附 1 号杆 10kV 线路，该线路从左至右分为 A、B、C 三相，A 相电线断为两截，掉落地上，两截电线断落处端头有放电痕迹。该车车厢宽约 2.5m，货箱顶部距离右侧边缘约 0.26m 处篷布上有一处放电接触点，右前轮接地处有另外一处放电击穿点。根据现场值班记录记载，导线正下方停放的货车有明显放电痕迹，值班人员认为依现场判断，该事故是由于清洗车辆时不慎碰触到导线造成。

陕西电力司法鉴定中心的司法鉴定人和司法鉴定专家分析认为，预制厂地处山区，属典型的Ⅱ类气象区，自然气象条件没有对 10kV 高压输电线路 14 号至 14 号附 1 号杆线路导线构成断线威胁。根据涉案材料说明，案发当时没有短路事故发生，也不存在因负荷原因造成断线的可能。只有在司机马某操作车厢抬升过程中与 A 相导线距离过近导致弧光接地时触电烧伤，之后电弧持续高温导致导线熔断落地。

另外，司机在高压输电线路下方停留、冲洗车辆严重违反了相关电力法规的规定，对这起事故的发生负有一定的过错责任。供电公司应当负有监控责任，应及时制止在高压电线范围内安装汽车冲洗设备，允许过往车辆停留冲洗车辆的违规行为。社会各企事业单位面对日益突出的高压电线触电人身伤亡事故，应积极采取安全防范措施，加强必要的安全教育和安全管理，才能逐年减少高压电线触电人身伤亡事件的频繁发生。

六、山东省某市中心医院高压电缆事故原因及损失数额司法鉴定案

案　情

徐某某、高某某、刘某某、郑某某 4 人在沂水县一条水泥路上进行顶管作业施工（明珠优佳置业物业管理有限公司电缆套管），在挖坑施工现场时，10kV 北辰线（某市中心医院专线）和龙岗线同时故障停电。

事故发生后，市中心医院报警。市供电中心紧急组织线路故障巡视，发现距离变电站出线 200m 处（沂博路东变电站路口）有顶管作业人员施工作业，顶伤了龙岗线高压电缆，北辰十线在沂博路中心医院北桥处高压电缆接头烧坏，造成两线路故障停电，导致某市中心医院、龙岗大酒店断电。

市中心医院向沂水县人民法院起诉，请求判令被告赔偿其经济损失 395456 元，并提出司法鉴定、评估申请，请求沂水县人民法院对徐某某、高某某、刘某某、郑某某、物业公司、置业公司顶管作业行为与市中心医院高压电缆损坏之间的因果关系及侵权行为给市中心医院造成的损失数额进行鉴定、评估。

为准确确定本次事故的原因及损失数额，沂水县人民法院同意委托陕西中和司法鉴定中心对某市中心医院电缆事故原因及损失数额进行司法鉴定。

鉴定经过

根据沂水县人民法院委托的司法鉴定事项，陕西中和司法鉴定人在法官的主持见证下，到山东省某市某中心医院高压电缆事故现场进行了现场勘查勘验。

（1）在县人民法院调查了解案情；听取案情介绍。

（2）在电缆事故现场进行勘查勘验。

（3）对事故电缆损坏接头进行勘查勘验。

（4）经现场勘验及询问，形成"司法鉴定现场勘查记录""调查询问笔录"。

（5）继续调查收集证据材料。根据案情和陕西中和司法鉴定中心请求，县人民法院提交"某市中心医院电缆事故原因及损失数额司法鉴定案需要补充提供的资料清单"和补充材料。陕西中和司法鉴定中心于同年 9 月 6 日再次向沂水县人民法院提交了"关于请沂水县人民法院再次提供委托案件补充资料的函"，并于同年 9 月 24 日收到补充材料（部分）。

（6）司法鉴定人及专家对本案涉及的有关事实、数据进行科学、公正地核实、分析、核算、鉴定，最终形成司法鉴定意见。

鉴定分析

因顶管作业现场已回填，事故现场已发生改变，本案主要是依据委托方提供的影像、图片和文字等资料及现场查勘情况进行分析。

一、某市中心医院电缆事故原因

（1）某市中心医院专线及顶管作业涉及的变电站及线路是北辰变电站，10kV 龙岗线设置了 10kV 接地保护和过电流保护装置。

（2）事故发生时北辰变电站保护装置的反应情况。据查 10kV 龙岗线、北辰十线均有过流保护动作，而且重合闸失败。

（3）事故结果分析

经分析，涉案人员在水泥路上顶管作业施工，顶伤龙岗线高压电缆，北辰十线高压电缆接头过电压和过电流，使高压电缆接头烧坏。所以顶管作业施工是导致某市中心医院电缆事故的直接原因。

二、某市中心医院电缆事故造成的损失鉴定测算

（一）鉴定依据

中心医院电缆抢修工程造价依据《20kV 及以下配电网工程建设预算定额》《20kV 及以下配电网工程建设概算定额》《20kV 及以下配电网工程建设预算编制及计算规定》及相关规定。

中心医院电缆（原）的拆除费用依据《20kV 及以下配电网工程建设预算编制及计算规定》。

中心医院电缆（原）回收、处理费用按照回收市场价进行计算。

折旧费用依据《〈政府会计准则第 3 号——固定资产〉应用指南》确定。

设备材料价格执行当期市场价。

工程量按照现场勘验勘查情况及沂水县临沂市中心医院"预算书"进行确定。

抢修费用依据临沂市中心医院招标办《关于我院电缆抢修项目洽谈情况纪要》。

（二）市中心医院电缆事故损失费用核定

中心医院电缆抢修工程造价按新建工程（依据原设计）确定。322943 元。

拆除费用：考虑拆除后不能利用。2030 元。

废旧物资回收、处理费用按照回收市场价进行计算。120735 元＋79572 元。

折旧费用按照国家相关文件规定计算。41163 元。

抢修费用依据沂水县人民法院提供的鉴定资料。7500 元。

鉴定结论

陕西中和司法鉴定中心于 2021 年 10 月 25 日作出司法鉴定意见书，具体意见如下：

（1）市中心医院电缆事故原因：涉案人员进行顶管作业施工是导致市中心医院电缆事故的直接原因。

（2）市中心医院电缆事故损失费用为 211738 元。

评 析

这是一起施工人员违规顶管作业造成高压电缆损坏司法鉴定案。

从事实和鉴定结果看，本案施工人员在从事高压电缆顶管作业时，明知有市中心医院高压电缆存在并已找到，在未采取有效保护措施的情况下，在高压电缆线下方 1.2m 处挖坑进行顶管作业施工，顶管设备将高压电缆线磨破漏电，导致市中心医院 10kV 北辰十线专线和龙岗线同时大面积停电，施工方违规作业事实清楚且明显。

陕西中和司法鉴定中心根据现场勘查勘验收集的各类资料，包括各方往来文件、施工合同、询问笔录、现场拍摄的影像资料、提取的各种数据、电子数据和已查明的基本事实，客观公正地对本案进行了司法鉴定，为司法机关依法公正裁判案件提供了鉴定依据。

第七章

电力设备及材料质量司法鉴定案例

一、陕西省某商贸城有限公司电缆中断原因司法鉴定案

案 情

国网某供电公司调控中心地区监控发现 10kV I 段母线接地，报告给市配网调控值班室，确定某商贸城有限公司多彩线路，速断保护动作，断路器跳闸，判定有接地故障，而且不是暂态临时故障。

电力集团公司电缆分公司抢修值班室接到供电公司抢修值班电话，委托抢修。经抢修人员查线确认，客户的双根电缆均发生故障。经电缆故障检测仪测距，确定故障点距变电站 1900m，经定点仪器检测，定点在一基建施工区域内。故障点放电声音从工地基坑南侧护坡的孔洞中传出，抢修人员随即进行开挖。因开挖点附近有燃气管道、架空线路杆、围墙等设施，考虑到安全风险，不能采用机械纵深开挖。后经电力集团公司电缆分公司多天持续抢修，供电专用线恢复供电。

随后，商贸城有限公司提起民事侵权损害赔偿诉讼，并在诉讼中提出对专用供电电缆中断原因以及电缆中断对申请人造成的损失进行司法鉴定。

陕西省某中级人民法院委托陕西电力司法鉴定中心对本起民事侵权损害赔偿一案中的涉案电缆中断原因进行司法鉴定。

鉴定经过

陕西电力司法鉴定中心专家接到任务即赶赴案发现场，在故障抢修人电力集团公司和原告、被告均在场的情况下，开展了对案发现场的勘查勘验，并对参加电缆中断事故抢修的供电部门有关人员进行了调查，主要过程如下：

（1）组织双方当事人进行现场勘查。

（2）查看电缆中断案发施工现场状况。

（3）案发后原告现场勘验记录。

（4）向被告调查案发时的情况。

（5）司法鉴定人在事故现场进行案情调查。

（6）司法鉴定人与双方当事人在事故现场分析案发原因。

（7）查看供电部门抢修人员利用定点仪在基建工地确定的电缆故障点图像。

（8）利用 FCL-2005 智能型电缆故障检测仪检测电力电缆故障点。

（9）查询全省境内当月地震信息。

（10）查询全市发案时天气信息。

（11）与参加电缆事故抢修人员座谈，对国网某供电公司提供的实验仪器、检验程序及标准进行核查验证，取得共同认可。

鉴定分析

一、变电站 117 供电线路简介

变电站 117 供电线路是由国网某供电公司 110kV 变电站提供的 10kV 高压电缆供电线路。

变电站 117 供电线电缆是某房地产开发有限公司与山东某电力实业有限公司合同订购的"中国名牌产品"。

10kV 输电线 117 电缆线路从开始施工，到验收投入运行三年多时间，该线路没有受过外力和过电压冲击性破坏，运行一直处在安全平稳正常运行状态。

事故当天突然故障造成高压进线跳闸，变压器停运。

二、故障发生过程及故障点确定

（一）时间节点分析

供电公司 110kV 变电站提供的《电表电流曲线图》描述如下：

经查，供电公司电力调度控制中心地区监控发现变电站 10kV Ⅰ 段母线接地，报告市配网调控班。经市北运维班进行推拉操作寻找接地试验，确定了接地故障地点。

经查，供电公司配网调度对电缆故障隔离处理；将 10kV 117 输电线运行转热备用。

因 10kV 117 输电线试送电时速断保护动作，断路器跳闸。配网调度指令，将 10kV 117 输电线断路器热备用转为检修。

（二）故障点辨别

利用 FCL－2005 智能型电缆故障测试仪快速检测电力电缆线路故障点距离，利用 FCL－2015 一体无噪定点仪快速、精准定位电力电缆线路的故障点。

（1）FCL－2005 智能型电缆故障测试仪

采用电桥法和示波器法的工作原理，仪器充分采用现代计算机技术，精准测量发射脉冲到反射脉冲的时延，在故障测试仪主界面上稳定的显示数据参数，测试人员通过计算机将仪器主界面数据参数保留，达到寻找电缆故障点的目的。

（2）FCL－2015 一体无噪定点仪

FCL－2015 一体无噪定点仪：由于高脉冲信号在电缆故障点处放电必然会同时产生振动声波和电磁波两种物理现象，采用声、磁同步接收两种物理信号技术。用磁信号自动控制振动声波电路的电子滤波电路自动滤波，以高信噪比高倍放大故障点的振动声波。该仪器与大功率路径信号发生器及手持多频路径仪配套使用，寻测电缆线路正确路径走向及敷设深度，数显故障点距离，实现故障点准确定位。

三、丹尼多彩线检测的过程

（1）在变电站变电运维班将多彩线路退出至检修位置，电缆充分放电后，将该间隔的接地刀闸操作到接地位置，做好安全措施。

（2）在丹尼尔和多彩配电室分别将 117 丹尼电缆进线和 117 多彩电缆进线退出至检修位置，电缆进线充分放电后，分别在两个进线间隔的电缆接头上各挂接一组接地线，做好安全措施。

（3）在变电站、丹尼尔和多彩配电室三个工作点，抢修人员确认上述安全措施到位后，将117丹尼多彩两根电缆四个终端头分别从各自的间隔接线柱上拆下。

（4）抢修人员按照 FCL-2005 智能型电缆故障检测仪接线方法做好仪器和被测电缆每相线的连线进行检测。

（5）通过以上方法，仪器检测出客户丹尼多彩线路距变电站 1900m 处发生接地状况。

（6）抢修班人员利用 FCL-2015 一体无噪定点仪和大功率路径信号发生器，沿着客户丹尼尔提供的电缆线路走径图沿线路测量来到线路 1900m 处，基建工地南侧围挡外。在此进一步深入检测仪器发出的声响最大，确认此处就是电缆接地故障点。

随即客户由地面向下对故障点进行垂直开挖，连续开挖近 10m 深，仍未挖出故障点，由于此区域附近有燃气管道、架空线路杆、围墙等设施，出于安全考虑，不能再继续向下深挖。

四、气象及地震活动资料情况

经调阅气象及地震活动相关资料，事发当天天气状况多云，气温 25°/17°，无极端恶劣天气、地震活动。由此排除当天 117 丹尼多彩电缆线经受自然不可抗力导致的损坏及雷电过电压、过热导致的损坏。

五、运行电力电缆故障原因

运行中的电力电缆线路故障多为外部因素引起，电缆主绝缘直接受点状冲击力、面状压力而损坏；在不停电情况下，外加环境湿气等因素叠加，加速电缆主绝缘层损坏击穿，变为完全接地。

鉴定结论

丹尼多彩电缆线路接地故障是由外力作用破坏引起，该电缆故障与基建钻孔施工有关。

评　析

这是一起因专用供电电缆中断造成大面积停电的重大安全生产责任事故

司法鉴定案。该供电线路的供电容量为 12000kVA。因该专用供电电缆中断而造成的停电事故，波及辖区 20 余万平方米商业经营区及 12 栋住宅楼 1200 余户居民，连续停止供电 12 天，给辖区商户和居民的正常生产生活造成了重大影响。

陕西电力司法鉴定中心接受司法鉴定委托后，立即深入案发现场，在故障抢修人和原告、被告、供电公司客户服务中心等相关人员的共同参与下，对案发现场进行勘查勘验，对参加丹尼尔电缆中断事故抢修的供电部门有关人员进行调查，对涉案电缆中断原因进行客观、公正的鉴定分析。

经查，变电站 117 丹尼多彩线是由供电公司 110kV 变电站向某房地产开发有限公司和某商城供电的 10kV 高压电缆供电线路。

经过 FCL－2005 智能型电缆故障测试仪快速检测电力电缆线路故障点，仪器检测出客户丹尼多彩线路距变电站 1900m 处发生接地状况，此处正是某企业集团有限公司基建工地南侧围挡外。抢修班人员下到工地基坑南侧进一步勘查，听到护坡锚固孔洞中传出电缆故障接地放电打火声音，再一次确认此处就是电缆故障接地点。

陕西电力司法鉴定中心的司法鉴定人和司法鉴定专家还调阅了事发时当地气象及地震活动的相关资料，证实事发当天天气状况多云，气温 25°/17°，无极端恶劣天气、地震活动，由此排除了不可抗力导致的损坏及雷电过电压导致的损坏。

陕西电力司法鉴定中心的司法鉴定人和司法鉴定专家经过详细调查、科学检测论证，最终得出："丹尼多彩电缆线路接地故障是由外力作用破坏引起，该电缆故障与某基建钻孔施工有关"的鉴定结论，为人民法院正确认定事故责任，依法公平公正审理该起民事侵权损害赔偿案件提供了依据。

二、江苏省某环保能源有限公司事故电缆质量司法鉴定案

案　情

陕西某钢铁有限责任公司下属新能源有限公司（以下简称新能源有限公司）的 35kV 高压电缆 A 相、C 相，发生严重接地事故，造成三根 35kV 电缆

烧毁，两根光纤烧毁，发电机组直接解列的重大安全生产责任事故。

新能源有限公司请求追究设备生产厂商南京某环保能源有限公司的民事赔偿责任。南京某环保能源有限公司不服，委托陕西电力司法鉴定中心对事故电缆质量进行司法鉴定。

鉴定经过

陕西电力司法鉴定中心司法鉴定人到达事故现场，在新能源有限公司现场提取了型号为 YJV－26/35 1×240 的 5 根事故电缆，开展了如下司法鉴定工作：

（1）对在事故现场进行勘查勘验并提取事故电缆进行封存。

（2）对涉案的有关单位及人员进行询问调查。

（3）对事故现场提取的事故电缆进行电缆质量试验室检验（包括电缆老化试验）。

鉴定分析

事故电缆经国家电线电缆产品质量监督检验中心检测，偏心度和导体直流电阻两项指标不合格。

鉴定结论

送检的 YJV－26/35 1×240 事故电缆样品不合格，不符合国家标准。

评　析

这是一起因电缆质量不合格而造成的严重的发电机组直接解列电力生产责任事故司法鉴定案。

一是从新能源有限公司事故现场提取了 YJV－26/35 1×240 的事故电缆 5 根；二是对事故现场进行勘查勘验、对涉案的有关单位及人员进行询问调查；三是根据委托方要求，除对事故现场提取的事故电缆进行常规质量鉴定外，还对委托方提供的电缆进行了老化试验。认定电缆质量不合格。

偏心度是电缆生产质量控制中的一项重要电气尺寸指标，偏心度超标会导致运行中的电缆，电场强度分布不均匀，随着运行时间积累，威胁电缆的安全运行。导体的直流电阻是电缆的一项基础电气性能参数，相同载流量状况下，导体直流电阻超标的电缆，发热量更大，对电缆主绝缘的老化起加速作用，威胁电缆的安全运行。

从本案来看，由于该新能源有限公司使用了质量不合格的电缆，直接导致正在运行中的电缆烧毁，导致正在运行中的发电机组解列，造成了严重的电力生产安全责任事故，给电力企业和电力用户造成了巨大的经济损失。据此，电缆生产企业将承担法律规定的产品质量责任。

从本案中吸取的教训是：电缆生产企业要严把产品质量关，杜绝不合格的产品流向社会。电力企业在选购电缆时也要注意电缆的品牌、质量，防止购买、安装瑕疵产品。电力用户也要注意防范，做好日常用电的安全检查、监测，避免电力生产安全事故的发生。

三、陕西某铸造有限公司电缆质量司法鉴定案

案情简介

陕西某电器设备有限公司向法院起诉称：其与被告某铸造有限公司签订了六份合同，先后就电力设备、高压电缆、封闭线桥买卖、车间设备电缆材料安装、配电工程建设等进行了约定，原告均按合同约定全部交付货物并安装完成验收。被告某铸造有限公司共计支付给原告货款 393 万元，下余 264 万余元经多次催要至今未付，请求法院判令被告给付所欠货款并承担利息。

被告某铸造有限公司答辩称：双方合同未最终结算，原告主张的货款 264 万元数额不正确，其拒付工程款的原因是原告履行的义务不符合合同约定，原告主张延迟支付货款利息不符合法律规定。并反诉主张：判令被反诉人履行电力工程竣工验收义务，并提供高压电缆产品阻燃性能说明书，提供车间电缆产品耐火性能说明书，开具已付工程款增值税发票，承担违约责任 114 万元。与此同时，某铸造有限公司申请对下列事项进行司法鉴定：① 某电器设备有限公司提供的 35kV－YJV22－26/35－3×185 高压电缆是否具有阻燃性能；② 某电器设备有限公司提供的车间电缆是否具有耐火性能。

委托鉴定事项

陕西某中级人民法院出具司法鉴定委托书，要求陕西电力司法鉴定中心对本案相关（35kV－YJV22－26/35－3×185）电缆及车间电缆质量进行司法鉴定。

 鉴定经过

陕西电力司法鉴定中心司法鉴定人在市中级人民法院法官带领下，前往铸造有限公司进行现场勘查，并根据司法鉴定需要，对该两种型号的电缆样品进行现场提取。

由于铸造有限公司正在使用的电缆长度有限，不能按照检测要求提取35kV－YJV22－26/35－3×185 电缆及车间电缆检测样品。也不能提供与正在使用的同生产厂家、同型号、同批次的备用电力电缆。

司法鉴定人从铸造有限公司现场提取了 0.4m YJV－0.6/13×35＋2×16 电力电缆和 0.5m YJV－0.6/13×185＋2×95 电力电缆，并对事故现场进行勘查勘验，对涉案的有关单位及人员进行询问调查，对事故现场提取的事故电缆进行电缆质量试验室检验。

 鉴定分析与鉴定结论

送检电缆有两个规格，分两个试样，其中 YJV－0.6/13×185＋2×95，经国家电线电缆产品质量监督检验中心检测，绝缘热延伸试验指标不合格。

其中，YJV－0.6/13×35＋2×16，长度 0.4m 的电缆样品经国家电线电缆产品质量监督检验中心检测，各项质量指标合格。

 评 析

这是一起比较特殊的司法鉴定案。其特殊性主要表现在，申请鉴定人所提供的鉴定材料经司法鉴定机构审查，不完全符合司法鉴定对鉴定材料的要求，而申请鉴定人又坚持要求司法鉴定机构在现有鉴定材料的前提下继续进行司法鉴定。

司法鉴定是指在诉讼活动中鉴定人运用科学技术或者专门知识对诉讼涉及的专门性问题进行鉴别和判断并提供鉴定意见的活动。根据全国人民代表大会常务委员会通过的《全国人民代表大会常务委员会关于司法鉴定管理问题的决定》，司法鉴定除司法鉴定机构、司法鉴定人员、司法鉴定程序要符合法律规定外，对司法鉴定材料的真实性、完整性、充分性有明确的法律要求。委托人鉴定材料不完整、不充分的，补充齐全后，可以受理。

由于申请鉴定人某铸造有限公司正在使用的电缆长度有限，不能按照司法鉴定检测要求提取 35kV−YJV22−26/35−3×185 电缆及车间电缆检测样品，也不能提供与正在使用的同生产厂家、同型号、同批次的备用电力电缆，故给正在进行的司法鉴定工作的真实性、完整性、充分性带来很大困难。

陕西电力司法鉴定中心将上述电缆从现场提取 0.4～0.5m 送交国家电线电缆产品质量监督检验中心进行电缆质量试验室检验。

根据我国三大诉讼法的规定，鉴定结论只是证据材料的一种，没有预定的证明力，不具有优先采信或必须采信的证据地位，其必须经过当事人质证和法官审核，才能作为认定案件事实的根据。能否作为定案证据使用，应当由人民法院依法审查决定。

因此，陕西电力司法鉴定中心在《司法鉴定意见书》中，明确地将申请鉴定人某铸造有限公司举证不能，不能提供合格的电缆材料，致无法进行电缆阻燃性、耐火性鉴定；依照相关法律规定，申请鉴定人对此应当承担举证不能或举证不力的法律后果，司法鉴定机构对此不承担相应的法律责任。

四、陕西某水力发电厂一号发电机定子直流耐压试验放电原因、损坏程度司法鉴定案

案 情

陕西某水力发电厂一号发电机系贯流式水轮发电机，设备容量 45MW，后投入商业运行。累计运行时间 25136.87h、累计发电量 85241.56 万 kWh 后开始首次大修。按照规范要求在进行大修前，需对发电机定子绕组直流耐压试验。A、C 相绕组在升压期间均发生放电现象，B 相绕组一分钟通过试验，但泄漏电流数值偏大。为此，该水力发电厂委托陕西电力司法鉴定中心对其一号发电机定子直流耐压产生放电的原因进行司法鉴定。

鉴定经过

陕西电力司法鉴定中心司法鉴定人及特聘司法鉴定专家赴水力发电厂，在该厂设备主管及设备专责人的见证下，对一号发电机定子直流耐压产生放电的原因进行现场勘查检验。

一、检验结果

一号发电机投入运行后在首次大修前，对发电机定子绕组直流耐压试验时发现，A、C相绕组在升压期间均发生放电现象，B相绕组直流耐压33.5kV一分钟通过，但泄漏电流数值偏大。经勘查发现放电部位是在绝缘固定夹板处。

二、检验过程

电力司法鉴定专家重点对发电厂一号发电机A相绕组放电部位、C相绕组放电部位进行重点检验（检验报告略）。

鉴定结论

（1）水力发电厂一号发电机机组中性点侧绝缘夹板使用材料为环氧玻璃布板，潮气在玻璃布板表面形成连续的放电通道引起导体对金属固定件的沿面放电是这次放电发生的主要原因。

（2）中性点连接线拆开后，引线连接处裸露，绝缘隔离不好是此次放电发生的次要原因。

评　析

这是一起关于发电机定子直流耐压试验放电原因、损害程度的司法鉴定案。经过电力司法鉴定人和特聘司法鉴定专家现场勘查，有关资料与勘查、分析，找出了原因，得出了结论，提出了建议。

对于特聘司法鉴定专家和司法鉴定人在司法鉴定过程中提出的分析论证意见和最终司法鉴定结论，相关电力企业应当组织职工和技术人员认真学习讨论，深刻汲取教训，不断提高工作技能，及时改进工作失误，避免因电力生产安全事故给企业和国家造成不必要的时间和财产浪费。

五、安徽省某市财富广场高低压配电柜采购合同纠纷案货物品牌、质量、价格司法鉴定案

 **案情简介**

安徽省某市房地产开发有限公司与江苏省某电器有限公司就财富广场高低压配电柜采购事宜签订了《高低压配电柜采购合同》，约定由电器有限公司为房地产开发有限公司承建的财富广场工程项目提供高、低压配电柜设备。合同确立了设备的价款、质量要求、技术标准、交货方式、结算方式、验收标准、违约责任等条款。

电器有限公司向法院起诉称：合同签订后，原告按被告的要求组织生产、及时发货并开具全额 550 万元增值税发票交付给被告，设备已经被告和供电部门共同验收合格，现该工程项目早已投入运营，但被告仅支付合同总价款的 70% 即 385 万元货款，尚欠合同总价的 30% 即 165 万元未依法支付，虽经原告多次催要，但被告仍未履行付款义务，请求依法判令被告付清货款 165 万元并承担违约金 58.3976 万元。

房地产开发有限公司反诉称：合同签订后，电器有限公司并没有按照合同约定供货，实际迟延交货 55 天，已交付的货物也不符合合同约定，价格明显低于合同约定标准产品当时的市场价格。根据最高人民法院相关司法解释，请求法院判令电器有限公司支付违约金 165 万元，并减少合同价款。

诉讼期间房地产开发有限公司请求由专业技术人员现场鉴定产品品牌及质量，人民法院予以准许，委托陕西电力司法鉴定中心对涉案的高低压配电柜采购合同中货物品牌、质量、价格进行司法鉴定。

鉴定经过

根据法院委托，陕西电力司法鉴定中心司法鉴定人赶赴涉案现场，在法官的见证下，在原、被告双方当事人及委托代理人在场的情况下，对现场进行了勘查勘验。针对财富广场高低压配电柜供货情况，对双方有关人员进行了询问、调查。主要过程如下：

（1）组织各方当事人进行现场勘查。

（2）对母排尺寸进行现场勘查。

（3）对配电柜柜体尺寸进行现场勘查。

（4）对现场使用的 ABB 产品进行现场勘查。

（5）在法院法官的主持下进行现场勘查。

（6）业主相关人员协助现场勘查。

（7）供货厂家相关人员参与现场勘查。

（8）法院法官主持司法鉴定人询问双方当事人及进行案情调查。

鉴定分析

一、现场勘查情况分析

经鉴定小组成员与双方当事人对现场勘查情况进行交流、沟通、询问，电器有限公司认可：母排为镀锡，不是镀银；柜体面板采用冷板喷塑，隔板采用镀锌材料，违反了合同约定。

现场勘查、鉴定了三个部位数据：

1. S2bbc 电容补偿柜总开关为正泰产品；柜体尺寸为三种：0.6m×2.2m，0.8m×2.2m，1m×2.2m，板厚均为 2mm。

2. 5AH 柜真空断路器为厦门 ABB 开关有限公司产品（2011 年 10 月 12日）；柜体尺寸为：0.8m×2.3m，板厚均为 5mm。

3. 母线排截面尺寸：7mm×70mm。

二、设备部件、材料价格分析

根据法院委托内容、房地产开发有限公司所提交的现场勘查清单涉及内容及现场勘查情况，司法鉴定人对设备部件、材料进行价格分析，确认以下设备部件、材料的合同约定货物与实际提供货物的价格差异。

（一）母线槽

1. 高压母线：10kV，1250A。

镀锡、镀银差价 191 元/m，共 6m，差价小计：1146 元。

2. 低压母线槽：0.4kV，1250A。

镀锡、镀银差价 171 元/m，共 58m，差价小计：9918 元。

综上，母线价格差异合计为 11064 元。

（二）配电柜柜体

通过鉴定，配电柜总数量为 121 台，其中：低压配电柜 71 台，高压配电柜 50 台。

高压配电柜共 50 个，差价小计：168250 元。

低压配电柜共 47 个，差价小计：26273 元。

冷板喷塑柜体 11 个材料差价，差价小计：7249 元。

进口敷铝锌板、冷板喷塑柜体共 12 个，差价小计：9132 元。

综上，配电柜柜体价格差异合计为 210904 元。

（三）无功补偿柜总开关

无功补偿柜总开关总共 8 台。差价小计：20768 元。

（四）高压配电柜开关

高压配电柜开关总共 5 台。差价小计：109400 元。

综合各项价格差异，总计差价为 352136 元。

评 析

本案是一起关于高低压配电柜品牌、质量、价格的司法鉴定案。

双方当事人在合同书中明确约定了合同的价款，高、低压配电柜设备的质量要求以及技术标准，具体的交货方式和结算方式，验收的标准以及违约责任条款等。其中的质量要求及技术标准条款约定：柜体采用进口敷铝锌板制作而成，采用封闭母线，综合保护继电器选用面板嵌入式。高压部分沃尔玛变电站真空断路器采用进口 ABB、施耐德产品，开闭所变电站真空断路器采用合肥宇森产品。低压部分采用三相五线制，应提供专用 PE 排。沃尔玛变电站低压开关采用进口 ABB、施耐德产品，其他变电站采用上海人民电器（上联）产品。母线桥及柜体内及连接母排均采用优质铜排，全部镀银，柜内母线应加耐热、防弧的绝缘套等。

此后，双方当事人因高低压配电柜品牌、质量、价格是否符合合同约定发生争议。某电器有限公司向人民法院起诉主张判令被告给付拖欠的合同价款并承担违约金；房地产开发有限公司向人民法院反诉主张判令反诉被告支付实际迟延交货违约金和所提交的货物不符合合同约定的违约金等共计 165 万元。

陕西电力司法鉴定中心根据法院委托对双方当事人之间争议的财富广场高低压配电柜的货物品牌、质量、价格是否符合合同约定进行司法鉴定。

经查,某电器有限公司所提供的高低压配电柜在品牌、质量、价格方面确实存在不符合合同约定的情形。合同要求高低压配电柜柜体面板采用进口敷铝锌板,实际为冷板喷塑,隔板采用镀锌材料,通过鉴定也不符合合同要求。

经计算价格差异也很明显。

通过这起司法鉴定案,涉案当事人应当汲取教训:即在社会主义市场经济条件下,任何公民、法人和社会组织都必须按照市场经济规律开展市场经营活动,在买卖商品、签订合同时都必须严格遵守法律、恪守合同约定,诚实守信地开展各项经营活动,否则就必然要对违反法律的行为和不符合合同约定的行为承担违约的民事法律责任。

六、青海省某房地产开发公司因电力工程造价、节能无功补偿柜无法使用原因、损失电量计算等申请司法鉴定案

 案　情

青海省某房地产开发公司与青海某水电建设有限公司就某商业广场配电工程项目签订了《电力建设安装工程合同》,约定由水电建设有限公司承揽房地产开发有限公司某商业广场配电工程的建设安装工程,由房地产开发公司在工程完工后支付相关费用。合同签订后,水电建设有限公司依据合同约定,履行了该商业广场配电安装工程相关安装工作,房地产开发有限公司部分履行了工程款给付义务。事后,双方当事人因水电建设安装工程合同所涉及的工程造价、工程质量、部分设备无法正常使用以及费用结算等发生纠纷,经反复协商未果,遂起诉至人民法院请求依法裁判。

房地产开发公司请求法院指定司法鉴定机构对涉案工程中已完成的工程造价、节能无功补偿柜无法使用造成的实际损失进行鉴定。

受案法院以委托书形式委托陕西中和司法鉴定中心对该房地产开发公司

与该水电建设有限公司之间签订的《电力建设安装工程合同》中电力工程（已完成工程）造价、节能无功补偿柜无法使用原因、节能箱等电力设备是否质量合格（如不合格其损电多少）等进行司法鉴定，并转交了已收集到的部分书面司法鉴定资料。

鉴定经过

陕西中和司法鉴定中心接受委托后，组成了司法鉴定专家组，认真查阅了人民法院提供的书面司法鉴定材料，补充收集了与司法鉴定案件密切相关的书证、物证及视听资料。

陕西中和司法鉴定中心司法鉴定专家组到达案发地青海省某市商业广场，在法院法官、双方当事人及诉讼代理人均在场的情况下，对商业广场地下配电室进行了现场勘查勘验，并对商业广场配电安装工程有关情况向双方人员进行了调查询问，形成了《司法鉴定现场勘查记录》和《司法鉴定现场调查笔录》。

司法鉴定中心专家组进行现场勘查勘验过程如下：

1. 法院办案法官向鉴定中心专家组及双方当事人员介绍了此次要求鉴定的内容和目的。

2. 司法鉴定专家会同双方当事人共同到达商业广场地下配电室，进行现勘查，得知如下情况：

（1）1600kVA 干式变压器：就位，未接线，备用。

（2）1600kVA 干式变压器高压配电柜：就位，未接线，备用。

（3）1600kVA 干式变压器低压配电柜：就位。

（4）800kVA 干式变压器、高低压配电柜：投运。

（5）800kVA 柴油发电机组排烟管为业主后期自主安装。

（6）高压电缆敷设：未敷设。

（7）柴油发电机输出线未连接至 ABS 双电源切换柜：未接线。后期业主自行连接至商场供电的 GGD 低压柜。

（8）低压进线柜无法电动投运。

（9）节能无功补偿柜无法使用。

（10）柴油发电机水箱漏水。

（11）母排热缩不规范。

（12）盘柜未组屏，与基础未焊接；电缆孔洞未封堵；电缆沟盖板悬空；设备及柜体前后未铺设绝缘胶垫。

（13）现场勘查完成后，鉴定中心专家组向双方当事人进行了询问。

鉴定分析

根据青海某市人民法院提供的鉴定资料及施工现场勘查勘验情况，司法鉴定人和司法鉴定专家依据国家法律、技术标准对该市商业广场配电工程进行了翔实鉴定工作。

一、电力工程造价鉴定

（一）1600kVA 干式变压器情况分析

经现场实际勘查，1600kVA 干式变压器目前已就位，变压器进线电缆未敷设，电缆孔洞无防火封堵，变压器未投运。根据双方合同条款，青海某水电建设有限公司负责变压器的安装、调试及相关电力手续的办理。但双方无法提供变压器设备的验收记录、调试、试验报告，现场施工未完成；未完成工作费用为 80500 元。

（二）1600kVA 干式变压器高压配电柜现场情况分析

根据电力系统受电及回路原理，系统带电的先后顺序是：电力系统相关手续报批完成，所有设备安装、验收完成全部设备调试。1600kVA 变压器高压配电柜已就位，但未投运。高压配电柜至变压器高压电缆未敷设，施工未完成。由于双方无法提供采购合同、验收记录、调试试验报告、施工方案等证明文件，根据提供的图纸计算，未完成工作费用为 95675 元。

（三）1600kVA 干式变压器低压配电柜情况分析

根据现场查看，低压配电柜已全部就位，部分已投运。未发现 1600kVA 干式变压器低压侧电缆，属于施工未完成项，未完成工作费用为 19300 元。

（四）800kVA 干式变压器及高低压配电柜情况分析

现场勘查发现 2 台 800kVA 干式变压器，高低压配电柜已就位，变压器投运 1 台。已投运变压器温控器未显示，超温、跳闸等非电量信号无法传输。母排热缩不规范。

（五）800kVA 柴油发电机组排烟管情况分析

经现场勘查确认，发电机组的采购、安装所有工程量包含在施工范围内，发电机组的排烟管已安装完成,经现场勘查确认施工方未按照合同范围完成施工义务。

(六)800kVA柴油发电机组情况分析

1. 水箱漏水

现场勘查发现发电机水箱存在漏水情况,局部已出现锈迹,使得发电机运行过程中散热不良,出现不能全功率运行或者骤停的故障现象,不但影响了正常的供电运行,同时增大了安全风险。

2. 蓄电池安装

蓄电池组是发电机组通过电子式启动的必要条件。现场勘查发现蓄电池未合理安装固定好,散放在地面,接线未完成,不符合机电工程及建设工程安装标准。

3. 发电机电缆未敷设

发电机在系统中的作用是当外部电网失电后,其作为第二路预备电源从ABS电源自动切换柜通过母排给系统中各个负载供电。现场实际情况为业主方后期从墙上电源箱直接接到商场间隔GGD柜。ABS自动切换开关在回路中为开路,失去了自动转换的意义,不符合电力系统安装规范要求。由于双方无法提供当时验收合格资料证明文件,现场勘验确认未完成施工。

(七)万能断路器情况分析

经现场实际勘查,DW15万能断路器存在可以手动储能,无法电动储能的情况。需更换万能断路器。

(八)节能无功补偿柜无法使用

现场检查发现无功补偿柜控制面板指示灯不亮,控制器未投运,电容组信号线接线未完成,导致无功补偿柜无法正常使用,属工程未完成项。

(九)施工现场其他未完成工作

(1)变压器及高、低压开关柜基础固定不牢靠,与基础槽钢无焊接固定,设备接地不合格。

(2)设备孔洞未做防火封堵,高低压电缆未刷防火涂料,不符合电力运行规范。

(3)电缆沟道未做盖板铺设、绝缘胶垫,安全警戒线。

(4)变压器母排及柜内母排热缩未完成。

(5)配电室内无照明、无安全出口指示及应急照明,卫生杂物未清除。

（十）"附件 4""附件 5"中涉及的问题

（1）电缆分接箱提供图纸设计与现场实际不符。

（2）230m 高压电缆未按图纸要求施工。

（3）低压进线柜开关容量与图纸不符。

根据以上分析，未完成工作及设备更换费用为：52.2175 万元。

根据本工程承包合同，合同价款为 390 万元。青海某水电建设有限公司实际上未按照合同约定完成全部项目，未完成工作及设备更换直接费用为：52.2175 万元。某商业广场已完成配电工程造价为：337.7825 万元。

二、节能箱无功补偿柜无法使用原因

根据提供的设计图纸"A0002-06"，"2 号变压器电气主接线图"显示，无功补偿设计型号为：40kvar×6=240kvar，即 240kvar 分 6 组，每组 40kvar；而现场实际分为 10 组，每组 10kvar，不符合设计要求。

三、损失电量费用鉴定

从电费单中统计无功损耗电费总和为：10257.95 元。

鉴定结论

司法鉴定意见结论如下：

（1）某市商业广场配电工程（已完成工程）造价为：337.7825 万元。

（2）节能箱无功补偿柜不符合设计要求，需更换设备。

（3）电费损失为 10257.95 元。

评　析

这是一起比较复杂的电力建设安装工程合同司法鉴定案。涉及已完成工程量、未完成工程量、工程实际造价、工程费用结算以及部分设备无法正常使用原因分析等。

经查，双方当事人签订了《电力建设安装工程合同》，约定由原告青海某水电建设公司为被告青海省某房地产开发公司负责安装 1 台 1600kVA 干式变压器及高低压配电柜，2 台 800kVA 干式变压器及高低压配电柜，1 台 800kVA 柴油发电机组高压电缆敷设，1 台 ABS 电源自动切换柜等的安装与调试，及相关电力手续的办理。合同约定工程价款为人民币 390 万元，工程质量达到国家施工验收规范优良标准。工程完工后，双方当事人进行了部分工程竣工验收，房地产开发公司支付工程款 30 万元，其余 360 万元未支付。事后，双方当事人签订了《还款协议书》，约定剩余工程款 360 万元以房抵债，折抵商铺购房款 283.8 万元，其余 76.2 万元按约定支付。由于履行拖延，原告水电建设有限公司向人民法院起诉，请求判令被告房地产开发公司支付拖欠原告工程款 360 万元，并支付迟延履行期间的债务利息。

诉讼期间，房地产开发公司以被告水电建设工程有限公司未按合同约定履行安装干式变压器高低压配电柜，柴油发电机出线未连接至 ABS 双电源切换柜，排烟管未履行安装义务，低压柜万能断路器无法电动储能，节能无功补偿柜无法使用造成变压器线路损耗过高等理由提起诉讼，请求判令被告水电建设有限公司返还其多支付的工程款 200 万元，赔偿经济损失 100 万元。房地产开发公司提出工程造价等鉴定申请。

因涉案电力建设安装工程时间久远，实际交付使用多年，双方当事人在合同履行中手续不够完善，诉讼和司法鉴定期间缺乏相互认可的合同履行书面证明材料，给司法鉴定工作带来了许多困难。陕西中和司法鉴定中心接受司法鉴定委托后，秉持客观公正、依法独立进行司法鉴定的原则，认真审核已有鉴定资料，敦促双方当事人及时补充涉案资料，积极深入案发地开展现场勘查勘验、调查询问、资料阅读、数据核实等司法鉴定工作，最大限度地还原案件客观事实，努力使司法鉴定过程和司法鉴定结论客观公正。

经过司法鉴定专家和司法鉴定人认真细致勘查现场，依照合同约定反复核对本案已完成工程量、未完成工程量，节能无功补偿柜无法使用的原因，以及电量损失等，从专业技术层面对案件事实进行分析认定，客观公正认定了 1600kVA 干式变压器虽已安装就位，但变压器进线电缆未敷设，电缆孔洞无防火封堵，变压器未实际投运；1600kVA 变压器高压配电柜已就位但未投运，高压柜至变压器高压电缆未敷设，施工未完成；发电机电缆未敷设；节能无功补偿柜控制面板指示灯不亮，控制器未投运，电容组信号线接线未完成，导致节能无功补偿柜无法正常使用等，并就扣减工程款、计算电量损失给出了详细明确的司法鉴定意见，为人民法院依法公正裁判案件提供了司法技术支持。

第八章

光伏发电项目工程质量司法鉴定案例

一、陕西某建设集团有限责任公司 250kWP 光伏发电项目工程质量司法鉴定案

案情简介

北京某自动化技术股份有限公司与陕西某建设集团有限公司签订光伏发电站施工合同，约定合同价款 450 万元。当年工程完工交付后自动化技术股份有限公司提起诉讼，要求建设集团有限公司支付工程欠款，并以电站工程质量不合格为由要求建设集团公司赔偿损失。

陕西某中级人民法院出具委托鉴定书，委托陕西电力司法鉴定中心对涉案的光伏发电工程项目质量进行司法鉴定。

鉴定经过

陕西电力司法鉴定中心司法鉴定人及司法鉴定专家赴光伏发电项目现场，对涉案的有关单位及人员进行调查，开展了鉴定工作：

（1）司法鉴定组专家对涉案现场进行勘查。

（2）司法鉴定组专家与有关各方结合案情及现场勘查情况进行调查、询问。

鉴定分析

一、光伏发电站整体情况

（1）光伏电站厂区整体环境较好，组件积尘较少，检修通道相对平坦，无草木遮挡及火灾隐患；配电室柜屏布置整齐，现场未见运维记录及相关管理制度；电站已长时间处于故障状态，未能正常投运。

（2）光伏电站处于故障停运状态，电站运维人员无法消除故障，且工程已过质保期，无法要求工程承包方配合进行相关的事后服务。

二、工程主要设备核查情况

经核查工程主要设备情况如下：

1. 光伏组件

查阅项目竣工档案和现场查验，涉案光伏电站安装了 1020 块光伏组件，剩余内侧三行共计 612 块光伏组件均无组件铭牌，也无认证信息。

TW235 产品，所提供的北京鉴衡认证中心认证材料也均针对的是天威系列的光伏组件，并没有现场所使用的海润光伏生产的型号为 HR－235－24/Aa 光伏组件的认证材料。

2. 汇流箱、并网光伏逆变器

具有 CGC 认证证书。

三、电站运维方面的情况

涉案光伏电站有 1 名运维人员，无运行、维护记录，无与自动化技术有限公司关于电站异常处理方面的沟通记录。

项目现场未查阅到有关设备质量问题材料。

四、项目技术资料、竣工验收及项目评审方面

现场对所提交的工程竣工档案进行详查。

现场核查情况：该项目共安装使用光伏组件 1020 块，其中 408 块采用的是由海润光伏生产的型号为 HR－235－24/Aa 的光伏组件，其余 612 块光伏组件无组件铭牌，现场勘验结果为未曾贴铭牌，关于组件的生产厂家、型号、无法查证。所提交技术资料中该项目的工程竣工报告，仅有一页。

经核实，该项目未进行项目评审。

鉴定结论

根据现场勘验、分析，作出如下具体的鉴定意见：

（1）该工程所使用的汇流箱、并网光伏逆变器经查未发现违背当时相关技术规定的情况。

（2）项目单位未按有关规定的办法要求对工程项目竣工验收评审。

（3）电站故障及质量问题与电站运维不力密切相关。

评 析

这是一起请求对光伏发电项目工程质量进行司法鉴定案。

北京某自动化技术股份有限公司（以下简称自动化有限公司）与陕西某建设集团有限公司（以下简称建设集团公司）签订了光伏发电项目合同，合同签订后自动化有限公司进行了施工并于竣工后移交了工程设备和文件。

事隔数月自动化有限公司提起诉讼，要求建设集团公司支付工程欠款，建设集团有限公司反诉认为电站工程质量不合格，要求自动化技术股份有限公司赔偿损失，并请求对 250kWP 光伏发电项目工程质量进行司法鉴定。

纵观本案，应当深刻反思并汲取以下经验教训：

第一，工程验收不规范，没有对项目进行评审；工程验收交付后的工程质量不能投入使用。

第二，缺乏监管，没能及时解决工程项目不能使用问题。

第三，未按"金太阳示范工程"管理规定委托有关机构进行项目评审。质量问题在双方当事人诉讼前均未得到妥善解决。长达四年之久未实际投入使用，给国家和企业造成了巨大的投资浪费，涉事企业和政府相关部门均应当深刻反思，认真总结经验教训，尽快协调解决争议问题，尽快使这项阳光示范工程发挥应有的社会效益。

二、陕西某 500kWP 光伏发电项目工程质量司法鉴定案

案情简介

北京某自动化技术股份有限公司与陕西某有限公司签订光伏发电站施工

合同，工程交付后自动化技术股份有限公司提起诉讼，要求陕西某有限公司支付工程欠款，陕西某有限公司则反诉认为光伏发电站工程质量不合格，要求自动化技术股份有限公司赔偿损失。

陕西某中级人民法院委托陕西电力司法鉴定中心对该 500kWP 光伏发电项目工程质量进行司法鉴定。

鉴定经过

陕西电力司法鉴定中心司法鉴定人及司法鉴定专家赴涉案光伏发电项目现场，对涉案的有关单位及人员进行询问调查；对涉案现场进行勘查勘验，查看了光伏电站的光伏组件、光伏组件铭牌、汇流箱、配电室、光伏逆变器、电脑监控台等；并在法院法官组织下司法鉴定人及司法鉴定专家与有关各方相关人员结合现场勘验情况进行讨论、交流。

鉴定分析

一、光伏发电站整体情况

（1）现场勘查发现，涉案光伏电站厂区整体环境较差，部分光伏组件可见破损，光伏板表面有明显积尘，厂区检修通道及光伏组件板下方杂草丛生，存在一定安全隐患；配电控制室常年无人进入，地面、电脑控制台已有大量积尘，局部墙皮脱落严重，也未见运维记录及相关管理制度。

（2）涉案光伏电站处于故障停运状态多年。目前，工程已过质保期，电站仍处于故障停运状态。

二、工程主要设备核查情况

经查询竣工档案工程主要设备：光伏组件、汇流箱、并网光伏逆变器均有认证证书。但该工程并网点未配置发电数据计量设备或电能计量装置。该发电项目也没有配置储能系统。《原告、被告举证材料》中，金鹏会计师事务所出具的"金太阳示范工程项目结算审核报告"中有"微网储能系统"，该结算审核报告与工程实际不符。

三、电站运维方面的情况

本光伏电站明显缺乏正常的运行维护。电站人员反映：自电站竣工后就处于故障停运状态，因缺乏应有的技术培训，没能力进行故障分析、消缺处理。

自此，电站控制室常年无人进入，电站无运行、维护记录。

项目现场未查阅到有关电站设备质量问题的报告。

四、项目技术资料、竣工验收及项目评审方面

在现场核查 2 个多月后收到工程竣工档案资料。对所提交的工程竣工档案进行详查。

所移交的技术资料中，"设备材料报审"技术文件中详细整理了该工程所用的光伏组件、逆变器、汇流箱、电缆等主要设备的产品合格证、相关"金太阳"认证证书及其他质量证明文件。

所提交技术资料中该项目的"工程竣工报告"，仅有一页。现场询问时，也未得到明确答复。

经核实，该项目未进行所要求的项目评审。

鉴定结论

根据现场勘验、分析，作出如下具体的鉴定意见：

主要设备的配置未发现违背当时相关技术规定的情况。

电站管理缺失，厂区环境差、有大量积尘，设备运维不力、故障及质量问题未能得到及时解决。

评 析

这仍是一起请求对光伏发电项目工程质量进行司法鉴定案。

合同签订后，自动化技术股份有限公司进行了施工。相距近五年，工程方竣工移交。四年多没能发挥社会效益。

事后自动化技术股份有限责任公司提起诉讼，要求陕西某有限责任公司支付工程欠款，陕西某有限责任公司反诉认为电站工程质量不合格，要求自动化技术股份有限公司赔偿损失，并请求对光伏发电项目工程质量进行司法鉴定。

本案应当汲取以下几点经验教训：

根据陕西电力司法鉴定中心的司法鉴定意见，该工程项目单位没及时对该工程竣工验收；没按规定委托有关机构进行项目评审；没有及时解决工程中存在的问题；没有发挥示范工程应有的作用；各级政府、各有关企业和当事人应充分认识到光伏工程是国家大力支持和扶持工程，应当严格履行合同，依法合规，严格监管，严格管理，使每项工程优质投运。

三、宝钢股份 20MWP 光伏电站发电出力不足的原因司法鉴定案

案情简介

某光伏有限公司与华企节能科技有限公司签订了 20MWP 光伏电站总包合同，合同价格 17209.44 万元。合同中第 4.4 条约定如果不能保障按约定完成并网运行，最低延期罚款为合同总价的 20%。

光伏有限公司从开工到完工交付使用，并网发电工期延误总天数为 380 天。依据合同约定，每延误 1 天的误期赔偿金额为合同协议书的合同价格的 0.5%，380 天累计误期赔偿金额为 32697.936 万元，最低延期罚款为合同总价的 20%，即 3441.888 万元。而且，该电站投运后 2 年半时间内有 5 次出现变压器损毁事故。

鉴定经过

根据节能科技有限公司委托，陕西电力司法鉴定中心司法鉴定人及司法鉴定专家赴 20MWP 光伏电站现场，进行涉案背景调查；进行电站质量勘查；确认下列情况。

（一）光伏组件表面热斑效应明显

电站现场光伏组件表面积尘较多，积尘不均匀产生热斑现象，采用热成像仪对光伏组件热斑进行测试。

组件平均温度为 40℃ – 60℃。

（二）组件表面存在脏污现象

（1）光伏组件没有定期清洁，组件表面存在鸟粪、老鼠屎、泥渍、水渍等脏污现象。其危害是老鼠啃噬线缆导致的电气故障，热斑导致火灾隐患。

（2）光伏组件存在"蚯蚓纹"，会导致光伏组件性能下降。

（3）蚯蚓纹的产生与屋顶电站设计不合理及运维踩踏有关。

（4）承包方未针对业主特殊使用环境给予组件行/列之间充足空间作运维通道。

（三）水汽侵蚀的光伏组件

边框密封失效导致水汽进入组件。

（四）光伏组件固定问题

（1）光伏阵列采用紧贴屋顶钢结构的安装方式。

（2）电站组件连接处存在固定件松动、脱落，大风天气可导致组件振动、位移、破损。

（五）光伏组件线缆防护存在问题

（1）光伏组件防水接头暴露在外，长期暴晒易加速老化，降低防水性能。

（2）光伏组件之间采用塑料套管走线，走线管部分破损，易造成安全隐患。

（六）汇流箱正负直流电缆同色

汇流箱汇集电缆正极应使用红色、负极应使用黑色。

（七）逆变器室布置适宜

（1）经目击查验，逆变器正常运行。

（2）一体式逆变室，防护等级 IP54，拥有较好的防尘功能，周围环境整洁。

（八）酸腐环境造成组件严重腐蚀

（九）酸腐环境造成组件积尘严重

较常规积尘更难清洗，对玻面的腐蚀将增加光的漫反射。

（十）变压器故障情况勘查中，解剖了电缆头

鉴定分析

一、光伏电站整体及主要设备核查情况

（一）光伏发电站整体情况

（1）20MWP 光伏电站厂区整体环境较好，无火灾隐患。光伏电站部分容量由于变压器故障停电检修，其他部分正常发电。运维检修通道设计不合理，组件积尘较多且出现水汽入侵问题。现场有运维记录及相关管理制度。

（2）光伏电站部分容量由于变压器故障需停电检修，不能发电出力。依据工程总包合同，此工程尚在质保期内，可要求进行相关的售后服务。

（二）工程主要设备核查情况

经核查具体情况如下。

光伏组件、汇流箱、并网光伏逆变器均有产品 CGC 认证证书。

（三）电站运维方面的情况

光伏电站有运维班组、运维记录、关于电站异常处理方面的沟通记录文件。

从现场材料核查及电站现场勘测结果分析，电站运维班组在运维方面工作内容充分、记录翔实。

（四）项目技术资料方面

通过现场勘查及材料审核分析，该项目按规范要求进行了工程竣工验收，具备一定的项目竣工验收资料以及设备和系统的检测报告等技术资料。但根据所提供的技术资料，该光伏电站实测性能指标与相关合同要求相差较大。

实测的测试报告结论显示：系统效率实测为 70.61%（以 1－1 号逆变器方阵为单元进行的系统效率测试）。实测效率已达不到合同中约定的性能保证要求。

对于电站整体性能损耗的原因，测试报告的测试结论认为：组件损耗影响较大，其他因素有一定影响。

二、电路设计方面

（一）设计概况

该项目设计由某工程技术集团有限公司完成，共收到一期宝日汽车板厂房屋面光伏、一期中试机组厂房屋面光伏、一期五冷轧及硅钢后续项目厂房屋面光伏三套设计图纸。其中电气图纸包含：系统主接线图、设备安装图、二次控制回路图、电缆敷设图、材料清单等。

（二）设计分析

（1）终版图纸中，显示 UPS 电源由箱变低压侧和 1800 热卷库厂房检修电源箱供给，该两路电源互为备用。由于箱变低压侧电源受组件工作影响会经常失电，而备用电源取自检修电源，可靠性不高，故造成 UPS 供电可靠性降低，由 UPS 供电的负荷存在断电隐患。

（2）终版图纸中，显示进线柜未配置保护级 TA，进线线路保护从图中看无法实现。

（3）终版图纸中，显示隔离变低压侧所带插座、箱变的照明、空调等电源负荷容量，远大于低压侧开关容量，影响开关柜内保护装置正常工作。

（4）试机组图纸中，显示 UPS 电源由箱变低压侧和中试机组厂房检修电源箱供给，该两路电源互为备用，存在断电隐患。

（5）中试机组图纸中，显示隔离变低压侧所带插座、箱变的照明、空调等电源负荷容量，远大于低压侧开关容量，影响保护装置正常工作。

（6）五冷轧及硅钢后续项目图纸中，显示 UPS 电源由箱变低压侧供给，无备用电源，存在断电隐患。

（7）五冷轧及硅钢后续项目图纸中，显示隔离变低压侧所带插座、箱变的照明、空调等电源负荷容量，远大于低压侧开关容量，影响保护装置正常工作。

三、变压器故障诊断方面

现场测量变压器高压侧电缆头与母排连接处相间间距约为 170mm、边相对箱体间距约为 140mm，安全间距满足相关国家标准。变压器安装时电缆接头的加工工艺较差、电缆套管封堵不严、变压器日常使用未注意采取防水汽入侵的保护措施。

光伏站点 5 号变压器（容量为 500kVA）高压侧电缆头与母排连接处发生相间及边相对箱体短路放电，此处可确定为故障起始点。故障原因分析：

（1）变压器使用选择不当。该型式变压器为全密封式变压器，而使用环境处湿度较大，长期运行过程集聚的湿气无法排出，易产生凝露现象。

（2）接入变压器的电缆管封堵不严，易造成湿气侵入。

（3）变压器引出母排固定结构所用的材料可能有问题（表面有放电烧蚀现象，现场无法进行相关检测、试验）。

（4）高压侧电缆头及后加的热缩绝缘护套工艺较差，在连续多雨、空气湿度很大的环境下，绝缘性能下降，容易发生短路故障。

鉴定意见

一、委托项目涉及的光伏电站发电出力不足与组件损耗、灰尘遮挡损耗、电站运行可靠性差等因素相关，其中组件损耗影响较大。运行可靠性差主要指变压器频繁电气故障导致回路停电检修、发电无法送出。

二、委托项目涉及的光伏电站历年实际年发电量远低于合同约定值。电站整体效率、组件衰减率指标达不到合同中规定的性能保证要求。

三、该工程所使用的部分光伏组件无相关认证信息，不符合"金太阳示范工程"管理规定的要求。

四、电路设计工程总体全面完整，设计基本符合国家规程规范，但存在以下问题：

（1）一期宝日汽车板屋面光伏 10kV 进线柜未配置保护级 CT，无法实现线路保护功能；

（2）三个车间的开关柜控制电源均取自 UPS，而 UPS 的供电可靠性不足，由 UPS 供电的负荷存在断电隐患；

（3）插座、箱变的照明、空调等电源的负荷容量，远大于低压侧开关容量，当过负荷时会造成开关断开，UPS 失电。

五、电站变压器出现多次故障，原因为：变压器使用选择不当；安装时电缆接头的施工工艺较差、电缆套管封堵不严。

评　析

这是一起针对 20MWP 光伏电站发电出力不足原因而开展的司法鉴定案。

涉案的 20MWP 光伏电站项目，是国家"金太阳示范工程"（装机容量为 70MWP）中的一部分，服务于某钢铁股份有限公司。光伏有限公司与节能科技有限公司签订了 20MWP 总包合同，约定由光伏有限公司承包节能科技有限公司的 20MWP 光伏电站建设项目。合同签订后，光伏有限公司完工交付并网发电。

经查，20MWP 光伏电站项目属于财政部、科技部、国家能源局发布的"关于实施金太阳示范工程的通知"等文件中所指的金太阳示范工程范畴，实际经营受益人为某钢铁股份有限公司。20MWP 光伏电站厂区整体环境较好，但运维检修通道设计不尽合理，组件积尘较多且出现水汽入侵问题。现场勘验期间，光伏电站部分容量由于变压器故障停电检修，其他部分正常发电。

测试报告结论显示：系统效率实测为 70.61%（以 1-1 号逆变器方阵为单元进行的系统效率测试）。实测效率已达不到合同中约定的性能保证要求。

应当指出的是，光伏电站部分容量由于变压器故障停电检修，不能正常发电，依据工程总包合同，此工程尚在质保期内，因此，节能科技有限公司可要求光伏有限公司配合进行相关的售后服务，及时对存在的问题采取"排除妨碍；消除危险；修理、重作、更换"等民事法律补救措施，若仍不足以弥补其经济损失时，还可以采取请求"赔偿损失；支付违约金"等民事法律责任承担方式，以减少企业不必要的经济损失，依法维护企业的合法权益。

四、新疆某光伏发电站发电量司法鉴定案

案　情

某电气集团有限公司先后供给湖北某新能源有限公司 10 台 35kV 组合变压器箱变，安徽某新能源有限公司 40 台 35kV 组合变压器箱变及零部件用于新疆某 50MWP 光伏电站项目建设。因发生组合变压器箱起火烧毁，湖北某新能源公司遂向人民法院起诉，请求赔偿损失，支付违约金。

湖北省某中级人民法院委托陕西电力司法鉴定中心对发生事故光伏发电站线路理论上客观发电量的总和及明细，以及对应的价值（含政府补贴）进行司法鉴定。

鉴定经过

陕西电力司法鉴定中心的司法鉴定人及司法鉴定专家会同湖北省某中级人民法院的法官以及双方当事人现场勘验了发生事故的光伏发电站，进行了一系列司法鉴定活动。

（1）召集相关单位进行了案情通报和分析会，对光伏发电站的系统连接方式、负荷情况进行调研和取证。

（2）组织各方当事人对现场的在运设备和烧毁的设备进行现场勘验。

（3）赴国家电网某电力调度控制中心调取事故光伏发电站事故期间的电量信息；

（4）对现场的数据和图表等进行技术分析鉴定。

鉴定分析

一、基本情况

50MWP 光伏电站位于新疆某市西南 27km。站址范围内地形起伏小，现状为戈壁荒地，周围无影响光伏电站的工矿企业。

光伏电站设计容量为 50MWP，后增容至 53MWP，站内光伏单元的电量通过 35kV 线路收集，共有 5 条光伏馈线。将 5 条光伏馈线并接在 35kV 单母

线上，通过 1 号主变升压至 110kV 母线；输电线路并接于单母线上，上网输电线路为某 110kV 线路输电导线采用 LGJ–240，线路长度接近 20km。

光伏电站的生活用电来自于另外的变压器，不使用光伏发电的电量。

光伏电站侧 110kV 电能计量装置采用三相四线计量方式，电压互感器变比为 1100，电流互感器变比为 800。有功无功变比为：880000，表计使用的是长沙威胜的 DTZ341 型电能表。对侧变电站计量方式为三相四线计量方式。

二、分析、计算电量

光伏电站辐射日累计量及理论计算发电量，计算方法以国家标准规定的发电量计算方法和公式为依据。

按照上网电价（含政府补贴）0.95 元/kWh 计算总的理论发电量价值。

鉴定结论

光伏电站

线路理论上客观发电量的总和为：1548.92 万 kWh

总的理论发电量价值：1471.47 万元

损失的电量为：616.92 万 kWh

损失的电量价值为：586.07 万元

评　析

这是一起关于光伏发电站理论上客观发电量以及对应价值的司法鉴定案。

光伏发电是利用太阳能进行发电的新型可再生能源模式，是用以替代石油、煤炭等不可再生石化资源，保护人类赖以生存的地球生态环境的一种清洁能源发电模式，是未来发电模式的重要组成部分。为了促进我国太阳能光伏发电产业的发展，实现可再生能源中长期规划提出的发展目标，国家有关主管部门下发了《关于开展大型并网光伏示范电站建设有关要求的通知》，提出主要利用沙漠、戈壁、荒地等非耕用土地建设并网光伏示范电站。

本案所涉及的新疆某 50MWP 光伏电站，就是利用太阳能进行发电的并网光伏示范电站。该电站本期总建设容量 50MWP，电池板单块功率为 255W，总数量为 209220 块。电站建成并网发电运行中因多次发生变压器火灾事故，引起诉讼。当事人请求对事故损失价值进行司法鉴定。

电力司法鉴定人员依据国家法律、国家标准等国家规定，查找事故原因，查清损失状况，计算客观真实损失价值。鉴定结论为人民法院正确审理案件提供了专业技术事实支持。

五、辽宁某新能源公司与天津某智能电气公司光伏电站设备损坏事故原因司法鉴定案

案　情

辽宁某新能源公司光伏电站发生事故，其户外电压互感器被烧损。经协调设备生产厂家天津某智能电气公司更换了一台新的设备，恢复运行十余天后再次发生同类事故。

随后，双方当事人因对本次光伏电站设备损坏事故发生的原因，以及损害事故发生后双方责任分担等问题产生争议，诉讼至人民法院。

为了准确判断本次光伏电站设备损害事故发生的原因，依法公正处理民事侵权损害赔偿案件，某市中级人民法院委托陕西中和司法鉴定中心对本起光伏电站 GIS 设备 TV 烧损事故发生的原因进行司法鉴定。

鉴定经过

1. 在光伏电站调查走访了解案情。

2. 在光伏电站烧损现场勘查勘验，包括：

（1）在光伏电站勘查 PT 设备。

（2）在光伏电站勘查设备端子箱。

（3）在光伏电站保护盘勘查。

（4）在光伏电站勘查损坏的 PT 设备。

3. 对本案委托事项进行资料核实、分析、鉴定，最终形成司法鉴定意见书。

鉴定分析

一、基本情况

通过查阅某市中级人民法院提供的书证材料和光伏电站现场调查勘验，汇总得出以下基本情况：

（1）查看光伏电站电气接线示意图，确认有关设备准确位置。

（2）光伏电站 GIS 投运后电压互感器开口三角形相继两次烧坏。

（3）GIS 设备厂家技术人员与光伏电站监控设备厂家技术人员共同进行了现场检查，发现 GIS 汇控柜的电压互感器开口三角形外侧电缆芯线存在短路问题。

（4）GIS 电压互感器两组星形线圈和一组开口三角形线圈在汇控柜通过三根电缆接至监控室电能质量柜端子排，短接在一起接地。

（5）监控室公共测控柜采集 66kV 电压均从电能质量柜端子排引入。

（6）现场检查发现，L630Y/1170 芯线接在公共测量柜测量 66kV 开口三角形电压输入的 N 端，N600Y/1170 芯线接在公共测量柜测量 66kV 开口三角形电压输入的 L 端。

（7）GIS 电压互感器二次侧星形线圈 N600Y/180A 上接的放电间隙保护 JB2 和开口三角形 N600Y/180C 上接的放电间隙保护 JB3 下端接地引线烧融在一起。

（8）光伏电站监控系统和站内故障录波器相关记录证实系统存在单相接地故障。

（9）国网某供电公司提供的材料显示，光伏电站自身设备故障，其光伏电站停止发电两次。该公司提供的调度自动化系统记录的数据也如此显示。

二、事故分析

（一）66kV GIS 电压互感器开口三角形线圈短路的形成

GIS 电压互感器开口三角形线圈相关连接形成短路，这是不允许的。

（二）电压互感器开口三角形线圈短路的危害

（1）66kV 电力系统正常运行时，此开口三角形线圈输出电压接近 0V。

（2）由于 66kV 系统为小电流接地系统，发生单相接地的故障时，电压互感器开口三角形线圈会产生最高 100V 的电压。若此时开口三角形线圈外回路短接，则会产生较大的短路电流，而该回路按规定不能装设熔断器，这样短路电流就会以较快的速度烧坏开口三角形线圈，并很有可能导致TV主绝缘击穿，致使事故扩大。

（3）绝缘击穿。现场检查发现，接地下引线烧融在一起，说明66kV电压互感器存在一、二次主绝缘击穿的事实。

（三）事故引起因素分析

此次事故为66kV系统单相接地事件引起，十几分钟之后发展为两相接地短路或三相短路事故，原因如下：

（1）事故期间，光伏电站监控系统和站内故障录波器记录到存在单相接地故障。应该与光伏逆变系统自身的电力电子保护有关。

（2）供电公司提供的材料中有比较详细的保护动作情况记录，证明66kV系统确实存在单相接地。

（3）66kV系统首先存在单相接地点，导致"接地相"对地电压将变得很低，而"健全相"对地电压升高为线电压。甚至可能叠加弧光接地过电压，健全相发生主绝缘击穿继而转化为两相或三相短路的风险。

（4）光伏电站GIS内的66kV电压互感器开口三角形线圈的短路电流形成。

（四）事故扩大进程分析

（1）首先，66kV系统某相主绝缘击穿，形成初始单相接地点。

（2）两次事故中，66kV系统单相接地属于单相永久接地故障。

（3）光伏电站66kV TV开口三角线圈短路电流形成，导致此线圈逐步烧毁。

（4）随着光伏电站66kV TV开口三角线圈的烧毁，引起TV内部健全相主绝缘击穿，从而导致保护间隙击穿，66kV系统短路故障形成。

（5）在66kV系统的电容电流或短路电流、电弧高温的作用下导致引线熔化而短接。

（6）上述66kV系统的短路造成供电公司输电线路继电保护动作，且重合闸不成功，说明该短路属于永久性故障。

（7）更换66kV TV后系统恢复正常运行，所以故障起因也就是初始单相接地点，不排除存在于66kV TV内部的可能性。

（五）分析共识

经过认真分析，认识到此次事故的起因是 66kV 系统存在初始单相接地点。虽不能明确此初始单相接地点的具体位置，但也不能排除此初始单相接地点就在 66kV TV 内部的可能。

鉴定结论

经过司法鉴定人和司法鉴定专家的缜密鉴定分析，陕西中和司法鉴定中心正式鉴定意见是：

辽宁某新能源公司光伏电站 GIS 设备 TV 损坏事故发生的原因是：

开口三角线圈外部接线存在错误，导致开口三角线圈短路。出现短路电流，导致最终烧毁线圈形成 66kV 系统的短路事故。

评 析

这是一起典型的因光伏电站电力生产设备损坏而引发的责任事故原因司法鉴定案。

经查，双方当事人签订辽宁 20MWP 林光互补光伏项目的《产品买卖合同书》，约定由原告辽宁某新能源公司购买被告天津某智能电气公司 GIS 设备 1 套，总金额 50 万元，由被告按约提供货物并进行项目安装调试，完成竣工验收，并纳入电网并网发电。

原告辽宁某新能源公司主张，由于被告提供的上述 GIS 设备发生严重故障，GIS 电压互感器烧毁，导致电站全站停运停电，经更换设备恢复运行；事过半月，再次发生上述严重故障，原告自行采购更换故障设备，光伏电站开始恢复运行。由此给原告造成的重大经济损失和商誉损失应由被告予以赔偿。

被告天津某智能电气公司认为，其光伏设备本身不存在质量问题。导致原告光伏电站 GIS 设备发生严重故障，GIS 电压互感器先后两次被烧毁的原因，是原告辽宁某新能源公司 GIS 设备 TV 开口三角线圈外部接线存在错误，导致开口三角线圈短路而发生事故。外部接线不属于双方合同约定技术服务事项，故其不应对此次事故承担赔偿责任。

陕西中和司法鉴定中心的司法鉴定人和司法鉴定专家认真查阅了涉案当

事人提供的全部涉案材料，根据人民法院的委托鉴定事项，对这起复杂的电力设备事故责任案认真进行了现场勘验和调查，并从技术层面对本案进行了严谨细致的分析论证。

本案存在的问题：一是 GIS 电压互感器先后两次被烧毁，是设备本身存在质量问题，还是安装、调试、使用过程中的不当行为所导致；二是 GIS 电压互感器先后两次被烧毁，是设备内部线路接线问题，还是设备外部线路接线差错所导致。

经陕西中和司法鉴定中心的司法鉴定专家认真调查研究，最终认定：由于 66kV GIS 电压互感器开口线圈外部接线存在问题，导致开口线圈处于短接状态。

故，陕西中和司法鉴定中心的最终司法鉴定意见是：辽宁某新能源公司光伏电站 GIS 设备 TV 损坏事故发生的原因，主要是 GIS 设备 TV 开口三角线圈外部接线存在错误，导致开口三角线圈短路，从而造成 66kV 系统的短路事故。

本案告诫人们光伏电站虽然是新型的能源设施，但其使用的设备、执行的法律依据、技术要求更高更严。无论是设备生产企业、电站建设单位、施工队伍、设计人员、电站运行人员、管理人员、运行维护人员都必须严格执行国家有关规定，履行相应职责，保障电站安全。

六、湖北省某市创业园 1.2MW 屋顶分布式光伏发电项目二期工程实际装机容量司法鉴定案

案　情

原告北京某自动化技术股份有限公司诉被告某新能源有限公司电力建设工程施工合同纠纷一案，原告请求被告支付某创业园 1.2MW 屋顶分布式光伏发电项目二期工程已完工工程款，被告提出该创业园 1.2MW 屋顶分布式光伏发电项目的二期工程双方未进行工程竣工结算，所以无法确定二期工程工程款数额。根据原被告签订的 1.2MW 屋顶分布式光伏发电项目设计施工总承包合同的约定，"实际结算总价＝实际装机容量×7166862/1.2MW。

原告北京某自动化技术股份有限公司向湖北省某市人民法院提出"请求对

某市创业园 1.2MW 屋顶分布式光伏发电项目二期工程的实际装机容量进行鉴定"的申请。

湖北省某市人民法院，委托陕西中和司法鉴定中心对本案某创业园 1.2MW 屋顶分布式光伏发电项目二期工程的实际装机容量进行司法鉴定。

鉴定经过

陕西中和司法鉴定中心司法鉴定人和司法鉴定专家人一行 4 人到涉案现场湖北省某市创业园 F 区厂房屋顶，在法院办案法官、原告北京某自动化技术股份有限公司、被告某新能源有限公司有关人员均在场的情况下，开展了调查询问和现场勘验。

主要开展了以下几个方面的工作：

（1）现场与各方当事人交流并调查了解情况；询问原告、被告及委托代理人。

（2）现场勘验检查光伏发电项目实际装机容量。

（3）现场查看光伏电站及涉案光伏组件、逆变器铭牌；总功率进行统计。

（4）对本案鉴定事项进行讨论分析，形成鉴定意见。

鉴定分析

某市创业园 1.2MW 屋顶分布式光伏发电项目二期工程，分布安装在该园区 F 区厂房楼顶的 5 个区域，即：楼顶南侧区域、楼顶中间区域、楼顶北侧区域、楼顶南侧附加层屋顶、楼顶北侧附加层屋顶。

光伏电站共安装 5 个逆变器，逆变器 F−NB1 的最大直流功率为 75000W，额定交流功率为 60kW；F−NB2.F−NB3、F−NB4 的最大直流功率均为 65000W，额定交流功率均为 50kW，F−NB5 的最大直流功率为 32500W，额定交流功率为 25kW。

另外，核查统计各区域光伏组件数量和功率情况。

鉴定结论

电力司法鉴定具体结果是：

涉案创业园 1.2MW 屋顶分布式光伏发电项目二期工程的实际装机容量

为：光伏组件总功率为 261360W，逆变器最大直流总功率为 302500W，逆变器额定交流总功率为 235kW。

评　析

这是一起因《光伏发电项目设计施工承包合同》履行中，双方当事人对光伏发电项目实际装机容量发生争议，请求人民法院委托司法鉴定案。

双方当事人签订了市某创业园 1.2MW 屋顶分布式光伏发电项目设计施工总承包合同，约定由原告负责某创业园 1.2MW 屋顶分布式光伏发电项目的设计（系统设计和并网接入设计）、光伏组件等设备的采购、保管，设备设施基础、建（构）筑物施工，设备的安装、电缆工程施工及所有进入此区域的电缆、光缆、接地网工程的施工，区域内设备单体调试及电站整体调试、厂用电系统的接入，相关监控系统、通信工程施工及系统调试、试运行、投产移交、项目入网、竣工验收等一揽子工作。

工程共进行了两期，一期工程结束后，经双方竣工验收合格并进行了结算，均无异议。二期工程结束后，虽经双方竣工验收合格，但结算时产生分歧。

按照合同约定，总工期 90 日历天，工程总价 7166862 元，此价款对应的是 1.2MW 的装机总量，如果装机容量变化，按照实际竣工验收的装机容量结算，"实际结算总价＝实际装机容量×7166862/1.2MW。

经过陕西中和司法鉴定中心的司法鉴定人和司法鉴定专家认真勘查勘验现场，逐一核查二期光伏发电项目各区域光伏组件数量、功率，核查二期光伏发电项目所安装的逆变器直流最大功率、额定交流功率等，最终得出鉴定意见是：某创业园 1.2MW 屋顶分布式光伏发电项目二期工程的实际装机容量为：光伏组件总功率为 261360W，逆变器最大直流总功率为 302500W，逆变器额定交流总功率为 235kW。这为人民法院依法审理本案提供了科学公正的司法鉴定意见。人们越来越感到，电力司法鉴定的设备仪器科学性是人们共同认可的，检测、检查的结果是客观的，为司法机关审理案件提供证据是有一定说服力的。

※　　※　　※　　※

结　束　语

通过电力司法鉴定案例介绍与评析，可以看出：在市场经济深入发展过程中，涉电案件的多样性、电力纠纷的技术性越来越明显，越来越彰显出电力司法鉴定工作的重要作用。无论刑事案件的审理，还是民事纠纷的解决，都离不开科学有据、事实真实的可靠证据。电力司法鉴定则是提供证据的一项重要工作，随着司法鉴定工作规范化、法治化不断加强，又因为电力司法鉴定采取的是公开、透明的办法，其意义越来越被社会各界所认识。

努力吧！从事电力司法鉴定相关工作的专家们，为中国电力法治作出历史性贡献而奋斗是光荣的使命，值得珍惜。